지장경

지장경

원순 옮김

도서
출판 **법공양**

부처님 말씀과 법이란

부처님의 말씀과 바른 법을 드러내는
책은 우리로 하여금 재앙을 없애고 행복이 넘치는
좋은 길로 가게 해 줍니다.

과거·현재·미래에 피할 수 없는 인과를 밝히고 중생이
본디 갖추고 있었던 부처님의 성품을
잘 깨닫게 해 주며 괴로운 온갖 삶의 굴레를 벗어나 기쁨이
충만한 열반의 세계로 이끌어 줍니다.

이 때문에 이 책을 읽는 이들은 모름지기 부처님의
크신 은혜에 깊이 감사하는 마음을 내셔야 합니다.

이 법을 만나기 어렵다는 생각을 하여 맑고 깨끗한 손으로
『지장경』을 정성껏 펼치고 공경하는
마음을 담아 부처님을 맞이하신다면 헤아릴 수 없이 많은
공덕과 기쁨을 몸소 얻을 것입니다.

차례

제1부. 우리말 지장경

지장경을 열면서 청하옵니다 · 11
1장. 도리천궁 신통력과 바라문녀 · 15
2장. 분신에게 설법하는 부처님 · 37
3장. 중생들이 받을 삼악도의 과보 · 43
4장. 중생들의 죄업과 과보 · 51
5장. 많은 지옥의 이름들 · 71
6장. 부처님의 찬탄 · 81
7장. 죽은 자와 산 사람의 이익 · 95
8장. 염라대왕과 그 대중이 공덕을 찬탄 · 105
9장. 부처님의 명호들 · 119
10장. 보시하는 공덕 · 125
11장. 법을 지켜주는 지신地神들 · 133
12장. 이익 되는 일을 보고 듣다 · 139
13장. 중생제도를 부탁받는 지장보살 · 155

제2부. 지장경 원문 독송

지장경계청 · 167

1장. 도리천궁신통품 · 171

2장. 분신집회품 · 185

3장. 관중생업연품 · 190

4장. 염부중생업감품 · 196

5장. 지옥명호품 · 209

6장. 여래찬탄품 · 214

7장. 이익존망품 · 226

8장. 염라왕중찬탄품 · 233

9장. 칭불명호품 · 244

10장. 교량보시공덕품 · 249

11장. 지신호법품 · 256

12장. 견문이익품 · 260

13장. 촉루인천품 · 276

일러두기

1. 이 책은 당나라 시대 승려 실차난타(652-710)의 번역본을 저본으로 하였다.
2. 실차난타는 불경 번역가로서 우전국 사람이다. 관련 기록에 따르면 일생동안 번역한 불경이 19부 107권이었다고 한다. 가장 중요한 번역서로는『화엄경』과『대승입능가경大乘入楞伽經』을 든다. 장안에서 입적한 뒤 후세 사람들이 17층탑을 건립하였는데 화엄삼장탑華嚴三藏塔이라고 불렀다.
3. 지장경 한글 번역은 안국선원의 선원장 수불修弗 스님과 타이완 까오슝의 원조사 주지 쩡딩敬定 스님의 불교 홍법弘法 원력으로 2007년 4월 7일 부산금정문화회관에서 양국의 문화교류를 시작하는 데에서 큰 감명을 받아 시작되었다.

제1부

우리말 지장경

지장경을 열면서 청하옵니다

[지장경을 읽고자 하는 분들은 먼저 지극한 마음으로 입을 맑고 깨끗하게 정화하는 진언을 염불하셔야 됩니다. 그런 뒤에 불법을 수호하는 여덟 명의 금강金剛 신장들과 네 분 보살의 명호를 불러 지장경을 읽고 외우는 사람들을 늘 감싸고 보호해 주실 것을 청해야 합니다.]

구업口業을 정화하는 진언

수리수리 마하수리 수수리 사바하
수리수리 마하수리 수수리 사바하
수리수리 마하수리 수수리 사바하

지극한 마음으로 받들어 청하오니
청제재금강靑除災金剛이여!
지극한 마음으로 받들어 청하오니
흑벽독금강黑辟毒金剛이여!
지극한 마음으로 받들어 청하오니
황수구금강黃隨求金剛이여!

지극한 마음으로 받들어 청하오니
백정수금강白淨水金剛이여!
지극한 마음으로 받들어 청하오니
적성화금강赤聲火金剛이여!
지극한 마음으로 받들어 청하오니
정제재금강定除災金剛이여!
지극한 마음으로 받들어 청하오니
자현신금강紫賢神金剛이여!
지극한 마음으로 받들어 청하오니
대신력금강大神力金剛이여!

지극한 마음으로 받들어 청하오니
금강권보살金剛眷菩薩이여!
지극한 마음으로 받들어 청하오니
금강색보살金剛索菩薩이여!
지극한 마음으로 받들어 청하오니
금강애보살金剛愛菩薩이여!
지극한 마음으로 받들어 청하오니
금강어보살金剛語菩薩이여!

머리를 숙여 조아려서 중생계의 지존至尊이신
지장왕 보살님께 목숨 바쳐 귀의하며
이제 제가 이 자리에서 큰 서원을 발심하여
지장경을 받아 지녀 읽고 외고 유포하여
부처님과 부모님과 법사님의 크나큰 은혜를 갚고
지옥 아귀 축생계에 있는 모든 중생을 제도 하리니
만약 선근이 있어 이 가르침 보고 듣는 사람이 있다면
어서 공부할 마음을 내어 금생에 성불하시옵소서.

경전을 펼치는 게송

위없이 높고 깊은 미묘 법이여!
백천만겁 만나 뵙기 어려운 법을
제가 이제 보고 듣고 받아 지니니
부처님의 진실한 뜻 알아 지이다.

부처님의 가르침을 여는 진언

옴 아라남 아라다
옴 아라남 아라다
옴 아라남 아라다

1장. 도리천궁 신통력과 바라문녀

저는 이와 같이 부처님께 들었습니다.

도리천궁¹에서 어머님을 위하여 부처님께서 법을 설하셨습니다. 그때 헤아릴 수 없이 많은 온 누리의 부처님과 큰보살님들이 이 법회에 참석하셨습니다. 그분들은 '석가모니 부처님께서 불가사의한 지혜와 신통력으로 거칠고 억센 중생들을 어지러운 세상에서 다스려 그들이 괴로움과 즐거움의 실체를 알게 하셨다'고 찬탄하셨습니다. 그리고는 저마다 시자들을 보내어 세존께 문안을 드렸습니다.

---

1. '도리천'은 세계의 중심 수미산須彌山 정상에 있으며 제석천帝釋天의 천궁天宮이 있다. 사방에 봉우리가 있으며 그 봉우리마다 여덟 하늘이 있기 때문에 제석천과 합하여 '삼십삼천三十三天'이라 말하기도 한다.

이때 미소를 머금은 여래께서는 백천만억 광명을 뿜어내셨습니다. 이른바 모든 일을 조금도 부족함이 없이 완성시켜 주는 빛 대원만광명운大圓滿光明雲, 큰 자비로 중생들을 감싸 주는 빛 대자비광명운大慈悲光明雲, 부처님 지혜로 세상의 실체를 알게 해 주는 빛 대지혜광명운大智慧光明雲, 반야지혜로 깨달음에 이르게 하는 빛 대반야광명운大般若光明雲, 부처님의 고요한 마음을 드러내는 빛 대삼매광명운大三昧光明雲, 온갖 상서로운 조짐을 보여 주는 빛 대길상광명운大吉祥光明雲, 온갖 복덕을 갖다 주는 빛 대복덕광명운大福德光明雲, 온갖 공덕으로 세상을 아름답게 만들어 주는 빛 대공덕광명운大功德光明雲, 중생의 아픔을 덜어주고 부처님께 귀의하게 만들어 주는 빛 대귀의광명운大歸依光明雲, 부처님의 공덕을 찬탄하는 빛 대찬탄광명운大讚歎光明雲들이었습니다.

이처럼 이루 말할 수 없이 많은 광명을 놓으시고 또 온갖 미묘한 소리들도 내셨습니다. 이른바 '보시'로 극락세계에 들어가는 것을 찬탄하는 단바라밀음[2],

'아름다운 삶'으로 극락세계에 들어가는 것을 찬탄하는 시라바라밀음, '인욕'으로 극락세계에 들어가는 것을 찬탄하는 찬제바라밀음, '끊임없는 노력'으로 극락세계에 들어가는 것을 찬탄하는 비리야바라밀음, '선정'으로 극락세계에 들어가는 것을 찬탄하는 선바라밀음, '반야'로 극락세계에 들어가는 것을 찬탄하는 반야바라밀음, 자비로 극락세계에 들어가는 것을 찬탄하는 자비음慈悲音, 부처님의 법을 기뻐하여 차별 없이 평등한 마음으로 극락세계에 들어가는 것을 찬탄하는 희사음喜捨音, 속박을 벗어남으로 극락세계에 들어가는 것을 찬탄하는 해탈음解脫音, 번뇌 없이 극락세계로 들어가는 것을 찬탄하는 무루음無漏音, 지혜로 극락세계에 들어가는 것을 찬탄하는 지혜음智慧音, 큰 지혜로 극락세계에 들어가는 것을 찬탄하는 대지혜음大智慧音, 사자와 같은 우렁찬 목소리로 삿된 견해를 모두 물리치고 극락세계에 들어가는 것을 찬탄하는 사자후음獅子吼音, 사자왕과 같은 우렁찬

---

2. 단은 보시요 시라는 계율이고 찬제는 인욕이며, 비리야는 끊임없이 노력하는 정진이요 선은 선정이며 반야는 지혜를 말한다. 이 여섯 가지를 실천하여 부처님의 세상으로 들어가는 것을 육바라밀이라고 한다.

목소리로 삿된 견해를 모두 물리치고 극락세계에 들어가는 것을 찬탄하는 대사자후음大獅子吼音, 천둥과 같은 부처님의 목소리로 극락세계에 들어가는 것을 찬탄하는 운뢰음雲雷音, 우레와 같은 부처님의 목소리로 극락세계에 들어가는 것을 찬탄하는 대운뢰음大雲雷音들이었습니다.

이와 같이 이루 말할 수 없이 많은 찬탄의 소리를 내시자 사바세계[3]는 물론 다른 국토에 있던 숱한 백천만억 천룡귀신天龍鬼神들도 도리천궁 법회로 모여들었습니다. 이른바 동서남북으로 네 명의 사천왕이 사는 하늘 사천왕천, 도리천, 수염마천, 도솔타천, 모든 것이 즐거움이 되는 하늘 화락천化樂天, 다른 사람을 교화하는 것이 자유로운 하늘 타화자재천他化自在天, 깨끗한 사람들이 모여 사는 범중천梵衆天, 범보천梵輔天, 대범천大梵天, 소광천小光天, 무량광천無量光天, 광음천光音天, 소정천少淨天, 무량정천無量淨天, 변

---

3. 사바세계는 석가모니 부처님이 중생교화를 하는 세계로서 곧 현실세계를 말한다.

정천遍淨天, 복이 생겨나는 하늘 복생천福生天, 복덕과 사랑이 넘쳐나는 복애천福愛天, 과보가 전부 드러나는 하늘 광과천廣果天, 장엄으로 이루어진 하늘 엄식천嚴飾天, 헤아릴 수 없이 많은 장엄으로 이루어진 하늘 무량엄식천無量嚴飾天, 장엄의 과보로 이루어진 하늘 엄식과실천嚴飾果實天, 삿된 생각이 없는 하늘 무상천無想天, 번뇌가 없는 하늘 무번천無煩天, 화날 일이 없는 하늘 무열천無熱天, 좋은 것만 보이는 하늘 선견천善見天, 좋은 것만 드러나는 하늘 선현천善現天, 모든 물질에 구애받지 않는 하늘 색구경천色究竟天, 마혜수라천을 비롯하여 비상천非想天, 비비상처천非非想處天의 하늘 대중 모두와 용과 귀신들이 빠짐없이 다 이 법회로 모여들었습니다.

또 다른 국토와 사바세계에 있는 모든 바다를 보살피는 해신, 강을 보살피는 강신, 하천을 보살피는 하신河神, 나무를 지키는 수신樹神, 산을 지키는 산신, 땅을 지키는 지신, 물줄기와 물웅덩이를 지키는 천택신川澤神, 온갖 곡식을 키워내는 묘가신苗稼神, 낮을 관장하는 주신, 밤을 관장하는 야신, 허공을 관장하는 공신空神, 하늘에 사는 천신, 온갖 음식을 관장하는 음식신, 풀과 나무에 붙어사는 초목신 이런 신들이 모두 이 법회로 모여들었습니다.

또 다른 국토는 물론 사바세계에 있는 대귀왕들도 모두 있었으니 이른바 사나운 눈을 가진 악목귀왕惡目鬼王, 피를 빨아 먹는 담혈귀왕啗血鬼王, 정기를 빨아 먹는 담정기귀왕啗精氣鬼王, 태아나 알들을 잡아먹는 담태란귀왕啗胎卵鬼王, 역병을 돌리는 행병귀왕行病鬼王, 독을 없애 주는 섭독귀왕攝毒鬼王, 자비로운 마음을 지닌 자심귀왕慈心鬼王, 복덕과 이익을 가져다주는 복리귀왕福利鬼王, 중생들을 사랑하고 공경하는 대애경귀왕大愛敬鬼王 이런 귀신의 왕들이 모두 이 법회에 모여들었습니다.

이때 석가모니 부처님께서 문수사리법왕자보살에게 말씀하셨습니다.

세존: 문수보살[4]은 여기에 모인 모든 불보살과 하늘의 신 그리고 용과 귀신들을 보았느냐? 이 세계와 다른 세계, 이 국토와 다른 국토에서 여기 도리천으로 지금 모여든 대중들의 수를 헤아려 알 수 있겠느냐?

문수보살: 세존이시여, 저의 신통력으로는 천겁 동안 그 수를 헤아려도 알 수 없습니다.

세존: 내가 부처의 눈으로 살펴보아도 그 수를 헤아릴 수 없을 정도이니 이들은 모두 지장보살[5]이 오랜 동안에 이미 제도하였거나 지금 제도하고 있거나 다가오는 세상에서 장차 제도할 대중들이며, 이미 불법을 성취하였거나 지금 성취하고 있거나 장차 불법을 성취할 대중들이다.

---

4. 문수보살은 부처님을 곁에서 모시는 보살인데 지혜를 상징한다. 번뇌를 단숨에 잘라내는 지혜의 보검을 늘 손에 들고 용맹한 사자를 타고 있는 모습으로 문수보살의 성상이 그려진다. 부처님은 법왕이고 보살이 그 법을 이을 것이기에 법왕자라고 부른다.
5. 지장보살은 문수 관음 보현과 함께 부처님의 가르침을 잘 실천하는 사대보살에 속한다. 석가모니 부처님이 멸도 하신 뒤에 미륵 부처님이 출현하시기 전까지 육도중생을 다 성불시키고 나서야 비로소 성불하겠다고 큰 원력을 세우신 보살이다.

문수보살: 세존이시여, 저는 이미 과거에 오랫동안 선근善根을 닦아 '걸림 없는 지혜'를 깨달아 얻었으므로 부처님의 가르침을 들으면 바로 믿어 받아 지닐 수가 있습니다. 그러나 아직 경계가 약한 성문이나 천룡팔부[6] 신중들과 오는 세상의 뭇 중생들은 여래의 진실한 말을 들더라도 반드시 의심을 품을 것이니 설사 머리 숙여 받아들인다 하더라도 비방하게 될 것입니다. 바라옵건대 세존이시여, 지장보살마하살께서 수행하실 때 어떤 수행을 하고 어떤 원력을 세웠기에 이처럼 불가사의한 일을 성취할 수 있었는지 자세히 말씀하여 주시옵소서.

세존: 비유로써 말하리라. 삼천대천세계에 있는 풀잎 하나, 나무 한 그루, 낟알, 삼씨, 산죽, 갈대 그리고 산에 있는 작은 돌이나 티끌 하나하나로써 모두 하나의 갠지스 강으로 삼고, 그 갠지스 강에 있는 모래알 하나하나로 한 세계로 삼으며, 그 세계 안에 있는 한 티끌로

---

6. 천룡팔부天龍八部는 불법을 수호하는 여덟 종류의 신들이니 천(deva)·용(nāga)·야차(yakṣa)·아수라(asura)·가루라(garuḍa)·건달바(gandharva)·긴나라(kiṃnara)·마후라가(mahoraga)를 말한다.

한 겁을 삼고, 그 한 겁 안에 쌓여있는 티끌을 모아 다시 한 겁을 삼더라도, 지장보살이 십지과[7]에 오른 뒤의 세월은 이 비유보다 천 배나 더 많거늘 하물며 지장보살이 성문이나 벽지불로 있을 때의 그 세월이야 더 말할 필요가 있겠느냐? 문수사리여, 이 보살의 위엄이나 신통력 그리고 서원은 참으로 불가사의 하느니라.

만약 오는 세상에서 어떤 사람들이 지장보살의 명호를 듣고 찬탄 예배하며, 그 명호를 부르거나 공양을 올린다든지 또는 그 모습을 그림으로 그리거나 성상聖像으로 만들어 단청하고 모신다면, 이 사람은 마땅히 삼십 삼천에 백 번 태어나 영원히 나쁜 길로 떨어지지 않을 것이다.

문수사리여, 과거의 말로 표현할 수 없을 만큼 오래된 세월 전에 지장보살은 큰 부잣집 아들이었다. 그 당시 사자처럼 용맹하고 온갖 보살행을 갖추신 '사자분신구

---

7. 십지과十地果란 보살이 십지十地보살로 있을 때의 깨달음을 말한다. 소승인 성문과 벽지불의 과정을 거쳐 이 깨달음에 들어간다.

족만행여래獅子奮迅具足萬行如來'라는 부처님이 계셨다. 부잣집 아들은 온갖 복으로 장엄하신 그 부처님의 상호를 우러러 뵙고는 여쭈었다.

"부처님께서는 어떤 수행과 원력을 실천하셨기에 이렇듯 장엄한 모습을 갖추셨습니까?"

그러자 사자분신구족만행여래께서 부잣집 아들에게 말씀하셨다.

"이와 같은 모습을 갖고 싶다면 고통 받는 모든 중생들을 위하여 오랜 세월 쉬지 않고 그들을 제도해야 하느니라."

문수사리여, 그 말을 들은 장자의 아들은 곧 원을 세우고 굳은 다짐을 하였다.

"내 이제 아직 다가오지 않은 미래의 헤아릴 수 없이 많은 세상이 다하도록, 죄를 짓고 고통 받는 육도[8]

중생들을 위하여서 널리 방편을 베풀어 그들을 모두 해탈시키고 난 뒤에야 나 자신도 성불하리라."

부처님 앞에서 이런 큰 원력을 세웠기 때문에 지금까지 지장보살은 백천만억 나유타 이루 말할 수 없는 겁이 지나도록 아직 보살로 있느니라.

또 과거의 불가사의 아승지겁에[9] 깨달음의 꽃을 피우는 선정에서 자유자재하신 '각화정자재왕여래覺華定自在王如來'라는 부처님이 계셨다. 그 부처님의 수명은 사백 천만억 아승지겁이었다.

부처님은 안 계시고 부처님의 법만 남아 있는 상법像法 시대에 한 바라문의 딸이 있었다. 그녀는 전생에 깊고 돈독한 복을 지어 모든 사람의 흠모와 공경을 받았다. 그러므로 오고 가며 앉아 있거나 누워 있는 어느 때나

---

8. 육도는 지옥, 아귀, 축생, 수라, 인간, 천상을 말한다. 중생들은 이 여섯 곳에서 깨달음을 얻어 성불하기 전까지는 끊임없이 윤회를 해야만 한다.
9. 아승지阿僧祇는 헤아릴 수 없이 많은 것을 말하고 겁劫은 헤아릴 수 없이 많은 세월의 시간을 말한다.

수많은 하늘신들이 보살펴 주었다. 그러나 그녀의 어머니는 삿된 도를 믿고 삼보三寶를 늘 낮추어 보고 하찮게 여겼다. 지덕이 뛰어난 그녀의 딸은 온갖 방편을 베풀어 어머니가 바른 믿음을 갖도록 권유하고 일깨웠다. 그러나 참된 믿음을 미처 얻지도 못한 채 그만 그 어머니는 목숨이 다하여 혼백이 무간지옥에 떨어지고 말았다.

바라문녀는 인과를 믿지 않았던 어머니가 틀림없이 그 업으로 말미암아 삼악도에 떨어질 것을 알고 있었다. 이에 집을 팔아 좋은 향과 꽃 그 밖의 여러 가지 공양물을 마련하여 부처님을 모신 탑과 절을 찾아다니며 먼저 돌아가신 어머니를 위하여 큰 공양을 올렸다. 그러다 어느 절에서 모셔 놓은 '각화정자재왕여래'를 보게 되었다. 그 모습은 위엄이 있었고 온갖 장엄을 다 갖추어 아름다웠다. 바라문녀는 우러러 여래께 예배를 하면서 공경하는 마음과 신심이 더욱 깊어졌다. 자연스럽게 그녀의 마음속에는 이런 생각이 떠올랐다.

'크게 깨달으신 분[大覺]으로서 부처님은 '모든 것을 다 아는 지혜[一切智]'를 갖추신 분이다. 만약 부처님이 이 세상에 계셨다면 어머니가 돌아가신 뒤 어찌 되었는지를 찾아가 여쭙고 어머니가 계신 곳을 틀림없이 알 수 있었을 터인데……'

부처님을 애타게 우러러 보며 바라문녀는 오래도록 흐느껴 울며 어머니를 그리워하였다. 그러자 홀연히 허공에서 소리가 들렸다.

"울고 있는 거룩한 여인이여! 너무 슬퍼하지 말아라. 내 이제 너의 어머니가 가 있는 곳을 일러 주리라."

바라문녀는 허공을 향하여 두 손 모아 합장하고 말하였다.

"어떤 신의 은덕이기에 저의 근심을 이렇게도 너그럽게 살펴 주시옵니까? 저는 어머니를 잃은 날부터 밤낮으로 어머니를 그리워하며 어머니가 어느 세상에 태어났는지 알고 싶었으나 물을 곳이 없었습니다."

그때 허공의 소리가 다시 여인에게 말하였다.

"나는 그대가 예배 올린 각화정자재왕여래이니라. 어머니를 생각하는 그대의 마음은 다른 중생들과 비교할 수 없을 정도로 지극하므로 내 일부러 찾아와 그대가 알고 싶어 하는 것을 일러 주려고 하느니라."

성스런 바라문 여인은 이 소리를 듣고 감격하여 어쩔 줄 몰랐다. 자기도 모르게 온몸을 땅에 던지듯 쉬지 않고 절을 하니 온몸 마디마디 팔 다리가 상하여 성한 곳이 한 군데도 없었다. 주위 사람들이 양옆에서 부축하고 보살펴주자 한참만에야 정신을 차렸다. 그녀는 하늘을 우러러 아뢰었다.

"바라옵건대 부처님이시여, 부디 자비로운 마음으로 저를 가엾이 여기시어 어서 저의 어머니가 태어난 곳을 알려 주시옵소서. 이제 저의 몸과 마음도 지쳐

오래가지 않아 저 또한 죽고 말 것이옵니다."

각화정자재왕여래께서 바라문 여인에게 일러 주셨다.

"공양을 마치거든 그대는 빨리 집으로 돌아가 단정히 앉아 나의 명호를 마음에 두고 생각하여라. 그러면 어머니가 태어나 간 곳을 알게 되리라."

바라문 여인은 부처님께 예배를 올리고 곧 집으로 돌아가 어머니의 기억을 되살렸다. 그리고는 단정히 앉아 각화정자재왕여래의 명호를 마음에 두고 하루 낮 하루 밤을 지내고 나자 홀연히 자신이 한 해변가에 와 있음을 알게 되었다.

그 바닷가의 물은 펄펄 끓고 있었고 주변에 악독한 짐승들이 많았다. 그 짐승들의 몸은 쇠로 되어 있었다. 그들은 바다 위를 이리저리 날며 동쪽 서쪽으로 몰려다니고 있었다. 성스런 여인은 그 바닷물 속에 백천만이나 되는 많은 남녀가 떠올랐다 가라앉았다 할 때 사악한 짐승들이 다투어 그들을 잡아먹는 것을 보았다.

또 야차도 보았다. 그 형상은 가지가지여서 험악한 팔이 여러 개 달려 있거나 무서운 눈이 여러 개 달린 것도 있었다. 발이 여러 개 달려 있거나 머리가 여러 개 달려 있는 것도 있었다. 송곳니는 입 밖으로 나와 칼처럼 날카롭게 생겼다. 야차들은 많은 죄인들을 사나운 짐승들 가까이로 몰아갔다.

또 야차들은 나서서 죄인들의 머리와 발이 서로 맞닿게 잡아 묶기도 하였다. 그 형상들이 갖가지여서 차마 눈뜨고 오래 볼 수가 없었으나 염불한 공덕으로 성스런 바라문 여인에게는 아무런 두려움도 없었다. 그때 그곳에 무독이라는 이름을 가진 귀신의 왕이 있었다. 그는 머리 숙여 예를 올리면서 성스런 여인을 맞이하여 말하였다.

무독귀왕: 착한 보살이시여! 어떤 인연으로 여기까지 오셨습니까?

바라문녀: 이곳이 어디입니까?

무독귀왕: 이곳은 대철위산 서쪽에 있는 첫 번째 바다입니다.

바라문녀: 제가 듣기로는 철위산[10] 안에 지옥이 있다고 하던데 그것이 사실입니까?

무독귀왕: 지옥이 있다는 것은 사실입니다.

바라문녀: 제가 지금 어떻게 이곳에 오게 되었습니까?

무독귀왕: 부처님의 위엄이나 신통력이 아니면 업력으로 왔을 것입니다. 이 두 가지 인연이 아니면 이곳은 아무나 올 수 있는 곳이 아닙니다.

바라문녀: 이 물은 어떤 연고로 펄펄 끓고 있는 것입니

---

10. 철위산은 불교용어이다. 수미산이 중심이 되어 외곽으로 일곱 개의 산과 여덟 개의 바다가 있는데 여덟 번째의 바다는 짠 바다로 되어 있다. 남섬부주 등 사대주四大洲가 여기에 있다. 이 짠 바다를 둘러싸고 있는 산이 철위산이다.

까? 어떻게 여기에 저토록 많은 죄인과 무서운 짐승들이 있는 것입니까?

무독귀왕: 이곳은 남염부제[11]에서 죄를 지은 중생들이 죽은 지 49일이 지나도록 그의 고통을 벗겨 주기 위하여 공덕을 지어 주는 사람이 없는 사람, 살아있을 때 착한 일을 하지 못한 사람들이 지은 업에 따라 지옥의 고통을 받게 되는 곳입니다. 그 사람들은 먼저 이 바다를 반드시 거쳐 가야 합니다. 이 바다를 지나 다시 동쪽으로 십만 유순[12]을 가면 또 한 바다가 있습니다. 그곳의 고통은 여기의 배나 됩니다. 그 바다 동쪽에 또 한 바다가 있습니다. 그 고통은 다시 배나 더 보태집니다. 몸과 입과 뜻으로 나쁜 일을 지어 받게 되는 고통은 너무 많으므로 이를 모두 통틀어 '업의 바다'라고 부르는데 이곳이 바로 그곳입니다.

---

11. 남염부제南閻浮提는 수미산 남쪽에 우리가 살고 있는 인간세계를 말한다. 염부제閻浮提 또는 남섬부주南贍部洲라고 말하기도 한다.
12. 유순은 인도에서 거리를 재는 단위이다. 소가 끄는 수레가 하루를 가는 거리 또는 제왕의 군대가 하루를 행군하는 거리라고 말하면서 거리가 얼마나 되는 가에 여러 가지 설이 있다. 약 40Km 내지 80Km쯤 보면 되겠다.

바라문녀: 지옥은 어디에 있습니까?

무독귀왕: 세 바다 안에 가장 큰 지옥이 있는데 그 수가 백천이나 되어 저마다 다른 특성을 가지고 있습니다. 이른바 큰 지옥은 열여덟 개이고 큰 지옥 안에 있는 다음 크기의 지옥은 오백이나 되며 그 고통은 헤아릴 수 없습니다. 또 그 다음 지옥은 천백이나 되고 이 지옥에 또한 헤아릴 수 없는 고통이 있습니다.

바라문녀: 저의 어머니가 돌아가신 지 얼마 되지 않았습니다. 그런데 저는 그 혼백이 어디에 있는지를 알지 못하고 있습니다.

무독귀왕: 살아 계실 때 보살님의 어머니는 어떤 일을 많이 하셨습니까?

바라문녀: 저의 어머니는 삿된 소견으로 삼보를 헐뜯고 비방하였습니다. 혹 제 말을 듣고 잠시 믿는 척 하더라도 돌아서면 다시 공경하는 마음을 내지 않았습

니다. 돌아가신 지 며칠이 지났지만 저는 아직도 어머니가 어디에 계시는지 알 수가 없습니다.

무독귀왕: 보살의 어머니는 성씨가 어떻게 됩니까?

바라문녀: 저의 부모님은 모두 바라문 집안입니다. 아버지는 시라선현이라 하고, 어머니는 열제리라고 합니다.

무독귀왕: 바라옵건대 성스런 여인께서는 집으로 돌아가시옵소서. 너무 걱정하거나 슬퍼하지 않으셔도 됩니다. 죄인 열제리는 하늘나라에 태어난 지 벌써 사흘이나 지났습니다. 효성이 지극한 딸이 어머니를 위하여 공양을 올리고 복을 지어 각화정자재왕여래의 탑과 절에 보시한 공덕 때문입니다. 어머니만 지옥에서 벗어난 것이 아니라, 무간지옥에 있던 다른 죄인들도 그날 모두 함께 고통을 벗어나고 천상에 태어나 즐거움을 누리고 있습니다.

일러줄 말을 다한 무독귀왕은 두 손 모아 합장하며 물러갔다. 성스런 바라문 여인은 꿈에서 깨어난 듯 하였다. 그러나 이 일의 의미를 분명히 알아서 바로 각화정자재왕여래의 탑과 형상 앞에서 큰 원을 세우고 맹세하였다.

"바라옵건대 제가 다가오지 않은 미래의 모든 세상이 다하도록, 죄를 짓고 고통 받는 모든 중생들을 위하여 온갖 방편을 베풀어서, 그들이 모든 고통에서 벗어날 수 있도록 해 주시옵소서."

부처님께서 문수사리에게 일러 주셨다.

"그때의 무독귀왕은 오늘날 재수보살이며 바라문 여인은 바로 지장보살이니라."

2장. 분신에게 설법하는 부처님

이때 생각할 수도 없고 헤아릴 수도 없으며 말할 수도 없는 백천만억 무량아승지 세계에 있는 모든 지옥에 나투었던 지장보살의 분신들이 모두 도리천궁으로 모여 들었다.

여래의 위엄과 신통력에 힘입어 각처에서 해탈하여 죄업에서 빠져나온 사람들이 또한 천만억 나유타나 모여 들었다. 그들은 모두 함께 좋은 향이나 꽃을 가지고 와서 부처님께 공양하였다.

함께 온 모든 사람들은 다 지장보살의 교화로 '높고도 바른 깨달음'에서 영원히 물러나지 않을 사람들이었다.

이 사람들은 이전에 오랜 세월 생사육도生死六道[13]에 빠져 고통 받는 일을 잠시도 쉰 적이 없었다. 그러나 지장보살의 큰 자비와 깊은 서원으로 말미암아 저마다 깨달음을 얻어 도리천궁에 이르렀다. 이들은 뛸 듯이 기쁜 마음으로 부처님을 우러러 보며 잠시도 눈을 떼지 않았다.

이때 세존께서 금빛 팔을 드셨다. 그리고 생각할 수도 없고 헤아릴 수도 없으며 말할 수도 없는 백천만억 무량아승지 세계에 있는 모든 지장보살 분신分身의 정수리에 팔을 얹으시고 말씀하셨다.

나는 거칠고 어지러운 세상에서 고집스럽고 억센 중생들을 교화하며 그들의 마음을 잘 다스리고 가르쳐 삿된 마음을 버리고 바른 길로 가게 하였다. 하지만 열 가운데 한둘은 아직까지도 나쁜 버릇에 길들여져 있다. 나 또한 천백억 분신으로 온갖 방편을 베풀어 이들 중생을 교화하였다. 총명한 사람들은 곧 알아듣고

---

13. 육도에서 윤회하는 중생은 생사가 끊임없이 이어지므로 생사윤회라고 한다.

믿어 받아 지니기도 하였다. 착하고 선한 사람들은 부지런히 권유하면 가르침을 성취하였다.

그러나 어리석은 사람들은 오래도록 교화해야 겨우 바른 길로 돌아왔으며 업장이 두터운 사람들은 아무리 가르쳐도 우러러 공경하는 마음을 내지 않았다. 이와 같이 중생들은 저마다 근기에 많은 차이가 있었다. 그러므로 그들의 근기에 맞게 몸을 나투어 제도해야만 했다. 중생들에게 남자나 여자의 몸으로 나타나기도 하고 천룡이나 귀신의 몸을 드러내기도 하였다. 산·숲·내·들판·강·연못·우물 등으로 나타나서 사람들에게 이익을 주며 모두 다 제도하여 해탈시키기도 하였다. 또 제석천왕·범천왕·전륜성왕·거사의 몸으로 나타나기도 하였다. 혹은 임금·재상·관리의 몸으로 나타나기도 하였다.

혹은 비구·비구니·우바새·우바이[14]·성문·아라한·벽

---

14. 비구는 남자 스님, 비구니는 여자 스님, 우바새는 남자 신도, 우바이는 여자 신도이다. 이 넷을 합쳐 사부대중四部大衆이라고 한다.

지불[15]·보살 등의 몸으로 나타나 제도하기도 하였다. 부처로만 그 몸을 드러내어 중생을 교화하는 것은 아니다. 그대들은 고집스럽고 억세고 죄를 지어 고통 받는 교화하기 어려운 중생들을 내가 여러 겁에 걸쳐 부지런히 수고하며 제도하는 것을 보았다. 그러나 아직도 교화되지 않고 지은 업에 따라 삼악도에 떨어져 큰 고통을 받는 사람들이 있다면, 그때 그대들은 내가 도리천궁에서 애틋한 마음으로 부탁한 것을 기억하여 잊지 말지니, 사바세계에 미륵부처님이 출현하실 때까지 애써 중생들로 하여금, 영원히 모든 고통에서 벗어나 두루 해탈하게 하여 미륵부처님의 수기를 받도록 해주어야 할 것이다.

이때 화신으로 있던 모든 세계의 지장보살 분신들이 다시 한 몸이 되었다. 그리고 눈물을 흘리며 중생들의 고통을 가슴 아파하고 부처님께 아뢰었다.

---

15. 성문聲聞은 부처님의 가르침을 듣고 공부하는 수행자이고, 아라한阿羅漢은 소승으로서 최고의 경지를 터득한 수행자이며, 벽지불辟支佛은 연각緣覺이라고 하니 연기법의 이치를 스스로 터득한 수행자를 말한다. 이는 모두 소승小乘의 수행자에 속한다.

오랜 세월 저는 부처님의 가르침을 받아서 불가사의한 신통력과 큰 지혜를 갖추게 되었습니다. 제 몸을 나누면 백천만억 갠지스 강 모래알 수만큼이나 되는 세계에 가득하고, 한 세계 한 세계에서 다시 백천만억 화신이 됩니다. 그 화신 하나하나마다 백천만억 중생들을 제도하여 삼보에 귀의토록 함으로써 영원히 생사의 윤회에서 벗어나 열반의 즐거움을 누리도록 하겠습니다. 아울러 부처님 법 안에서 터럭 한 올, 물 한 방울, 모래 한 알, 티끌 하나, 머리털끝만큼이라도 좋은 일을 한 사람이 있다면 저는 시나브로 그를 교화하여 큰 이익을 얻을 수 있도록 하겠습니다.

세존이시여, 부디 뒷날 악업 중생들에 대한 근심걱정은 거두어 주시옵소서.
세존이시여, 부디 뒷날 악업 중생들에 대한 근심걱정은 거두어 주시옵소서.
세존이시여, 부디 뒷날 악업 중생들에 대한 근심걱정은 거두어 주시옵소서.

그때 부처님께서 지장보살을 찬탄하셨다.

"장하고 장하도다. 내 그대와 함께 기뻐하리니 그대의 원력은 성취되리라. 오랜 세월 큰 서원을 세워 온갖 중생들을 다 제도함으로써 마침내 큰 깨달음을 얻게 될 것이다."

3장. 중생들이 받을 삼악도의 과보

이때 마야 부인이 두 손 모아 합장하며 공손하게 지장보살에게 여쭈었다.

마야부인: 성스런 분이시여, 염부제 중생들이 짓는 업의 모습은 어떠하며, 업에 따라 받는 과보는 어떤 것이 있습니까?

지장보살: 천만세계 그 국토를 살펴보면 지옥이 있기도 하고 없기도 합니다. 혹 여인이 있기도 하고 없기도 하며 혹 불법이 있기도 하고 없기도 합니다. 나아가 성문이나 벽지불 또한 그와 같습니다. 이와 같이 지옥의 과보도 한결같이 똑같은 것은 아닙니다.

마야부인: 저는 염부제에서 지은 죄로 받는 삼악도[16]의 과보에 대하여 듣고자 하옵니다.

지장보살: 성모시여, 제가 간단하게 말씀을 드리겠사오니 부디 들어주옵소서.

마야부인: 성스런 분께서는 설하여 주시옵소서.

지장보살: 남염부제에서 받게 되는 죄의 과보는 이러한 것이 있습니다. 만약 어떤 중생이 부모에게 불효하고 살해까지 한다면 이 사람은 무간지옥에 떨어져 천만억겁 동안 빠져나올 기약이 없을 것입니다. 혹 어떤 중생이 부처님 몸에 피를 내고 삼보를 헐뜯으며 경전을 소중하게 여기지 않는다면 이 사람은 무간지옥에 떨어져 거기에서 천만억겁 동안 빠져나올 기약이 없을 것입니다. 혹 어떤 중생이 절의 시주물을 손상시키고 비구니 스님들을 욕보이며 절 안에서 음행을 저지르거나 살생 혹은 해악을 입히게 되면 이와 같은

---

16. 삼악도란 지옥·아귀·축생계를 말한다.

사람들은 무간지옥에 떨어져 거기에서 천만억겁 동안 빠져나올 기약이 없을 것입니다.

혹 어떤 중생이 거짓으로 스님 행세를 하며 절의 시주물을 함부로 쓰거나 재가신도들을 속이고 계율을 어겨 온갖 악행을 저지른다면 그런 무리들은 무간지옥에 떨어져 거기에서 천만억겁 동안 빠져나올 기약이 없을 것입니다. 혹 어떤 중생이 절의 시주물을 도둑질 하고 재물·곡식·음식·의복 내지 한 물건이라도 주지 아니한 것을 제멋대로 갖는다면 이들은 무간지옥에 떨어져 천만억겁 동안 거기에서 빠져나올 기약이 없을 것입니다.

성모시여, 혹 어떤 중생이 이러한 다섯 가지 죄를 짓는다면 마땅히 오무간五無間 지옥에 떨어질 것입니다. 그 무간지옥에서는 한 찰나 잠시라도 혹독한 고통이 그치기를 바라지만 그마저 이루지 못할 것입니다.

마야부인: 무간지옥이란 어떤 곳입니까?

지장보살: 성모님이시여, 대철위산 안에 있는 지옥 가운데 제일 큰 지옥은 열여덟 개나 됩니다. 그 다음 크기의 지옥은 저마다 이름이 다르며 오백 개가 있습니다. 그 다음 지옥도 저마다 이름을 가지고 있으며 천백 개나 있습니다. 그 가운데 무간지옥이 있는데 이 지옥이 어떤 지옥인지 말씀드리겠습니다. 지옥에 있는 성의 둘레는 팔만리나 되고 그 성은 순 쇠로 만들어져 있는데 높이가 일만리나 됩니다. 성 위에는 빈틈없이 시뻘건 불덩어리가 타오르고 그 안에 이름이 다른 많은 지옥들이 다닥다닥 붙어 있습니다. 그 가운데 한 지옥이 있어 이름을 무간지옥이라 합니다. 그 지옥의 둘레는 만 팔천리이고 담장 높이는 일천리이며 모두 순 쇠로 에워싸져 있습니다.

위에 있는 불은 밑으로 내려뻗치고 밑에 있는 불은 위로 솟구치고 있습니다. 순 쇠로 된 무섭게 생긴 뱀과 개들이 불을 토하며 담장 위에서 동쪽 서쪽으로 이리저리 분주하게 내달리고 있습니다. 그 지옥 안에 평상이 있는데 두루 사방 일만리 안에 가득 차 있습니다. 죄인들은 죄를 받을 때 자신의 몸이 지옥에 가득 차 있는 평상만큼 늘어나 그 위에 누워 있는 것을 어쩔 수 없이 보게 됩니다. 천만 명이 죄를 받을 때도 죄인들은 모두 자신의 몸이 지옥에 가득 차 있는 평상만한 크기가 되어 그 위에 누워 있는 것을 저마다 저절로 보게 됩니다. 중생들이 지은 업에 따라 과보를 받는 일들이 이와 같습니다.

또 죄인들은 모두 혹독한 고통을 많이 받아야만 합니다. 이빨은 칼날과 같고 눈은 번갯불 같은 천백이나 되는 야차와 악귀들이 구리로 된 손톱으로 죄인들을 이리저리 끌고 다니기도 합니다. 또 어떤 야차는 큰 삼지창 날 사이로 죄인의 몸이나 입과 코를 사정없이 찌르기도 합니다. 등과 배를 창끝에 꿰어 공중 높이 마음대로 이리저리 휘젓다가 뜨거운 평상 위에 내려놓기도 합니다. 또 쇠로 된 송골매는 죄인들의 눈을 쪼아 먹기도 합니다. 쇠로 된 뱀은 죄인들의 목을 칭칭 감아 조이기도 합니다. 몸 마디마디에 긴 못을 빠짐없이 박기도 합니다. 혀를 가느다랗게 쭉 뽑아서는 밭을 가는 것처럼 쟁기질을 하고 혀를 끌어당기며 창자를 후벼내어 토막토막 자르기도 합니다. 구리를 녹여 그 구리물을 입안에 사정없이 붓기도 하고 뜨거운 쇠줄로 몸을 꽉 조여 묶어 만 번 죽였다 만 번 살아나게 하기도 합니다. 지은 업의 과보는 이러한데 억겁의 세월이 흘러도 거기에서 빠져나올 기약은 없습니다. 이 세계가 붕괴되면 다른 세계로 옮겨 가고 그 세계가 붕괴되면 또 다른 세계로 옮겨 갑니다. 그 다른 세계가 붕괴되면 또 다른 세계로 옮겨 다닙니다. 그러다가 이 세계가 다시 생겨나면 다시 이 세계로 돌아오니 무간지옥에서 받는 죄의 과보가 이와 같습니다.

또 다섯 가지 업보가 있기 때문에 무간지옥이라 부릅니다. 그 다섯 가지라는 것이 무엇이겠습니까?

첫째는 밤낮으로 죄를 받는 일이 영원토록 잠시도 그칠 사이가 없기 때문에 이를 무간지옥이라 부르는 것입니다.
둘째는 한 사람일 때도 극심한 고통이 지옥에 가득

차 있고 뭇사람일 때도 극심한 고통이 지옥에 가득 차 있기 때문에 이를 무간지옥이라 부르는 것입니다.
셋째로 이 지옥에는 벌을 주는 기구와 도구로써 쇠로 된 작살이나 몽둥이가 있고, 쇠로 된 송골매와 쇠로 된 늑대나 개들도 있으며, 사람의 몸을 가루처럼 갈아 대는 디딜방아와 맷돌도 있고, 사람의 뼈를 자르는 톱과 후벼내는 끌과 토막 내는 도끼도 있으며, 사람이 통째로 삶아지는 펄펄 끓는 가마솥도 있습니다. 쇠로 된 그물과 밧줄도 있고 쇠로 된 나귀와 말들도 있습니다. 이곳에서는 생가죽으로 목을 감아 조르고 벌겋게 달군 쇳물을 몸에 뿌리기도 합니다. 배고프면 시뻘건 쇳덩이를 삼키게 하고 목마르면 벌건 쇳물을 들이마시게 하기도 합니다. 해가 지나고 겁이 다하도록 그 세월이 나유타나 되어도 참을 수 없는 혹독한 고통이 끊임없이 이어지기 때문에 이를 무간지옥이라 부르는 것입니다.
넷째로 이 지옥의 고통은 남자나 여자를 가리지 않고 늙고 젊은 것도 따지지 않습니다. 가난뱅이와 부자도 가리지 않고 귀하고 천한 신분도 따지지 않으며 어디

태생인지 묻지도 않습니다. 용이나 귀신이나 하늘신이라도 죄를 지으면 모두 똑같이 그 과보를 받아야 하기 때문에 이를 무간지옥이라 부르는 것입니다.

다섯째는 이 지옥에 떨어지면 백천겁에 이르도록 하루 낮 하룻밤 사이에 만 번 죽고 만 번 태어나야 합니다. 그동안 극심한 고통을 한 순간도 쉴 틈을 얻지 못합니다. 오직 죄업이 다해서야 겨우 다른 곳에 태어날 수 있습니다. 이런 혹독한 고통이 끊임없이 이어지기 때문에 이를 무간지옥이라 부르는 것입니다.

무간지옥을 대략 설명하여 보면 이와 같습니다. 만약 지옥에서 벌을 주는 기구나 도구들의 이름과 고통받는 일들에 대하여 상세히 설명하자면 한 겁 동안 말을 해도 다 하지 못할 것입니다.

마야부인은 무간지옥에 대한 이야기를 다 듣고 중생들에 대한 근심걱정으로 슬픔에 잠긴 채 두 손 모아 합장하며 지극한 예를 올리고 그 자리에서 물러났다.

4장. 중생들의 죄업과 과보

이때 지장보살마하살이 부처님께 사뢰었다.

"세존이시여, 제가 부처님의 위엄과 신통력으로 지금까지 백천만억 세계에 두루 몸을 나투어 모든 중생의 업보를 뿌리 뽑아 구원해 왔습니다. 만약 부처님의 크나큰 자비심이 아니었다면 이와 같은 일을 해내지 못했을 것입니다. 제가 이제 다시 부처님의 부촉을 받아 아일다[17]가 미륵 부처님으로 성불할 때까지 육도 중생이 고통에서 벗어날 수 있도록 돕고자 하옵니다. 그러니 바라옵건대 세존께서는 뒷날 중생들에 대한 지나친 근심과 걱정은 거두어 주시옵소서."

---

17. 다가오는 세상에서 전륜성왕이 되었다가 먼 훗날 이 세상의 미륵 부처가 될 석가모니 부처님의 제자이다.

부처님께서 지장보살에게 이르셨다.

"중생들이 아직까지 모두 해탈하지 못하는 것은 결정된 성품이 하나도 없기 때문이다. 그러므로 나쁜 버릇이나 좋은 버릇으로 어떤 결과를 맺어 좋은 일과 나쁜 일의 경계에 따라서 오도五道[18]에 태어나 윤회하는 것들이 잠시도 그칠 틈이 없다. 헤아릴 수 없이 많은 겁이 지나도 없애기 어려운 어리석은 중생들의 업장은 마치 물고기가 큰 그물 안에서 노니는 것과 같다. 자유를 얻기 위하여 그물을 빠져 나왔지만 잠시 나왔다 다시 또 그물에 걸려들기 때문이다. 이런 중생들 때문에 나는 늘 근심하고 걱정하여 왔었다. 그런데 그대가 이미 오래 전에 세운 원력으로 거듭 된 긴 세월 속에서도 온갖 죄업중생을 널리 제도 하겠다고 하니 내가 다시 무엇을 더 걱정하겠느냐?"

이처럼 부처님께서 말씀하실 때 법회에 참석했던 '선정

---

18. 오도는 육도六道인 지옥 아귀 축생 아수라 인간 천상에서 아수라를 뺀 나머지를 말한다.

에서 자유자재한 정자재왕定自在王'이라는 큰보살이 부처님께 사뢰었다.

"세존이시여, 지장보살이 아득한 옛적부터 오랜 세월 어떤 원을 세웠기에 지금 세존께서 그토록 애틋하게 찬탄하고 있는 것입니까? 바라옵건대 세존께서는 말씀하여 주시옵소서."

이때 세존께서는 정자재왕보살에게 일러 주셨다.

"잘 듣고 곰곰이 생각하여 보아라. 내가 그대를 위하여 설명하여 주리라. 지난 과거 '무량아승지 나유타 말로써 다 표현할 수 없는 겁[不可說劫]'에 '모든 지혜를 성취하신 여래·응공·정변지·명행족·선서·세간해·무상사·조어장부·천인사·불·세존[19]'이라는 부처님이 계셨다. 그 부처님의 수명은 육만겁이고 출가하시기 전에는 작은 나라 왕이었다. 이웃 왕과 벗 삼아서 늘 열

---

19. 부처님의 특성과 공덕을 가지고 여러 가지 관점에서 다르게 부르는 열 가지 이름이니 보통 여래십호如來十號라고 말한다.

가지 좋은 일을 똑같이 실천하여 많은 중생이 이익되게 하였다. 그러나 또 다른 이웃 나라 백성들은 온갖 나쁜 짓을 많이 저지르고 있었기에 두 나라 왕은 서로 상의하고 도와서 온갖 방편으로 교화하였다. 한 왕은 원을 세워 '어서 성불하여 이 무리들을 하나도 남김없이 제도하리라' 하였고, 또 한 왕은 원을 세워 '만약 저들이 혹독한 죄업의 고통에서 어서 벗어나 즐거운 가운데 깨달음을 이루지 못한다면 나는 결코 성불하기를 원하지 않노라'고 하였다."

부처님께서 다시 정자재왕보살에게 말씀하셨다.

원을 세워 '성불하여 중생을 제도하겠다'고 한 왕은 곧 '모든 것을 아는 지혜를 성취한 여래[一切智成就如來]'이며, 또 원을 세워 '죄를 짓고 고통 받는 모든 중생을 영원히 구제하기 전에는 결코 성불을 원치 않는다'고 한 왕은 곧 지장보살이었다.

또 과거 무량아승지겁 세상에 부처님이 계셨는데 이름

이 '맑고 깨끗한 연꽃 눈동자 여래[淸淨蓮華目如來]'라고 하였다. 그 부처님의 수명은 사십겁이었다. 그 부처님이 계시지 않고 부처님 말씀만 전해오는 상법像法 시대에 한 아라한이 있었는데 이 아라한은 복을 주는 것으로 중생들을 제도하였다. 그러다 한 여인을 만났는데 그 이름이 '빛나는 눈[光目]'이었다. 그녀가 음식을 준비하여 공양을 올리자 아라한이 물었다.

"그대의 소원이 무엇이오?"

빛나는 눈 여인은 말하였다.

"저는 어머니가 돌아가신 날 어머니를 위하여 복을 지어 천도하고자 했습니다. 그러나 어느 곳에 어머니가 태어나셨는지 아직 모르고 있습니다."

그 여인을 안타깝게 여긴 아라한이 선정에 들어가 빛나는 눈의 어머니를 찾아보니 삼악도에 떨어져서 그 어머니는 이미 극심한 고통을 받고 있었다. 다시

아라한이 그 여인에게 물었다.

"그대의 어머니가 살아생전에 어떤 나쁜 일들을 하였기에 지금 삼악도에서 극심한 고통을 받고 있는 것입니까?"

빛나는 눈이 대답하였다.

"저의 어머니는 생전에 생선과 자라 같은 것들을 많이 즐기시고 그 새끼들까지 사정없이 잡아먹었습니다. 구어서 먹기도 하고 지져서 먹기도 하여 당신 입맛대로 드셨으니 그 숫자는 헤아릴 수 없을 것입니다. 존자님께서는 자비를 베푸시어 어떻게 하든 저의 가엾은 어머니를 구해 주시옵소서."

아라한은 이 애틋한 청을 받아들여 빛나는 눈 여인에게 방편을 권하면서 일러 주었다.

"지극정성을 다하여서 그대는 '맑고 깨끗한 연꽃 눈

여래[淸淨蓮華目如來]'를 마음에 두시고 염불하셔야 합니다. 아울러 그 형상을 그리거나 흙이나 좋은 옥으로 성상을 만들어 조성한다면 산 사람은 물론 죽은 사람도 다 같이 좋은 과보를 받을 것입니다."

빛나는 눈 여인은 이 말을 듣고 곧 아끼던 물건들을 내다팔았다. 그 돈으로 부처님의 형상을 품위 있고 아름답게 그려 공양을 올렸다. 그리고 부처님께 공경하는 마음을 바치면서 어머니의 어려운 처지를 생각하고는 슬피 울며 예배를 올렸다. 그러자 홀연 새벽녘 꿈에 부처님을 뵙게 되었다. 부처님의 몸은 금빛으로 찬란하고 수미산처럼 위엄이 있었으며 밝고 큰 광명이 쏟아져 나왔다. 부처님은 빛나는 눈에게 말씀하셨다.

"머지않아 어머니는 그대의 집안에 태어날 것이다. 그 어린 아기가 배고프고 추운 것을 가릴 줄 알게 될 때 곧 무슨 말이 있게 될 것이다."

그런 뒤 그 집안에서 여자 종이 아들을 낳게 되었다.

사흘이 채 못 되었을 때 아직 어린 아기가 머리를 조아리고 슬피 울며 빛나는 눈에게 말하였다.

"생사의 업연으로 지은 과보는 스스로 받는 것이다. 나는 네 어미인데 오랫동안 어두운 저승에 갇혀 있었다. 죽어 헤어진 뒤 여러 차례 큰 지옥에 떨어졌지만 지금 너의 복력으로 이번 생에 사람으로 태어났다. 그러나 비천한데다 또한 명이 짧아 열세 살에 죽어 다시 삼악도에 떨어질 것이다. 부디 어떻게 하든지 이 어미가 이 고통에서 벗어날 수 있게 해다오."

빛나는 눈은 이 말을 듣고 이 아기가 어머니가 틀림없다는 사실을 알았다. 목이 메도록 슬피 울며 종의 자식으로 태어난 어머니에게 말하였다.

"저의 어머니라면 살아생전에 지은 죄들을 본인이 너무 잘 아실 것입니다. 어떤 일들을 어떻게 하셨기에 이런 나쁜 길로 떨어지셨습니까?"

아기로 환생한 어머니가 대답하였다.

"살생을 하고 불법을 헐뜯으며 비방한 두 가지 죄로 지옥의 과보를 받게 되었다. 만약 너의 복력이 아니었다면 나는 구제받기 어려웠을 것이니 그렇지 않았다면 업보 때문에 혹독하고 극심한 고통을 아직 벗어나지 못했을 것이다."

다시 빛나는 눈 여인이 물었다.

"죄를 지어 받는 과보로 지옥에서는 어떤 것이 있었나요?"

어머니가 대답하였다.

"죄를 받는 고통은 차마 말로 다 표현할 수 없다. 백천 세월을 이야기한다 해도 이루 다 말할 수 없을 것이다."

이 말을 듣고 빛나는 눈 여인은 눈물을 하염없이 흘리면서 슬피 통곡하며 하늘을 우러러 말하였다.

"바라옵건대 저의 어머니를 지옥에서 영원히 벗어나게 해 주시옵소서. 열세 살이 되더라도 다시 혹독하고 극심한 고통이 있는 삼악도를 거치는 일이 없게 하여 주시옵소서. 시방세계 모든 부처님께서는 자비로 저를 가엾이 여기시어 어머니를 위하여 온갖 원력을 세운 저의 큰 소원을 들어 주시옵소서. 저의 어머니가 삼악도를 벗어나게 하여 주시고, 천한 몸과 여인의 몸을 영원히 받지 않게 하여 주시옵소서. 그렇게만 된다면 저는 '맑고 깨끗한 연꽃 눈 여래' 앞에서 맹세하옵니다. 오늘부터 백천만겁 모든 세계에 있는 지옥과 삼악도의 고통 받는 중생을 구원하여 지옥, 축생, 아귀의 세상에서 벗어나게 할 것임을 맹세하옵니다. 이와 같은 지옥에서 죄의 대가로 혹독한 고통을 받고 있는 중생들이 모두 성불하면 저도 그 뒤에서야 비로소 성불 할 것임을 맹세하옵니다."

서원을 마치자 이 말을 다 듣고 있던 '맑고 깨끗한

연꽃 눈 여래'께서 빛나는 눈 여인에게 말씀하셨다.

"빛나는 눈이여, 그대의 큰 자비심이 어머니를 위하여 그토록 갸륵하고도 큰 원력을 세웠구나. 내 너의 어머니를 보니 열세 살로 이 세상을 마치면 그 과보에서 벗어나 하늘나라로 가 태어날 것이다. 그 수명은 백세가 될 것이며 그 과보가 지나간 뒤 '근심걱정이 없는 국토[無憂國土]'에 태어나 그 수명은 헤아릴 수 없는 겁이 될 것이다. 그 뒤 깨달아 부처님의 세상을 얻고 하늘과 인간 세상을 널리 제도할 것이니, 그 수가 갠지스 강 모래알 수만큼이나 많을 것이다."

부처님께서 정자재왕보살에게 말씀하셨다.

그때 복덕으로 빛나는 눈을 제도한 아라한이 지금 무진의보살이다. 빛나는 눈의 어머니는 바로 해탈보살이며, 빛나는 눈 여인은 지장보살이다. 지장보살은 과거 오랜 겁 동안 이와 같은 자비심에서 중생에 대한 그토록 애틋한 마음으로 갠지스 강 모래알 수만큼이나 많은 원력을 세워 온갖 중생을 다 제도하였다. 다가오는 세상에서 남자든 여자든 좋은 일을 하지 않고 나쁜 일을 행하거나 인과를 믿지 않는 사람들은 삼악도에 떨어질 것이다.

삿된 음행이나 망언을 하거나 이간질하고 험한 나쁜 말을 하는 사람들도 삼악도에 떨어질 것이다. 대승을 헐뜯고 비방하는 이런 업을 짓는 중생들도 반드시 삼악도에 떨어질 것이다. 그러나 이런 사람들이 선지식을 만나 그 분의 권유로 손가락을 한 번 튕기는 짧은 동안만이라도 지장보살에게 귀의한다면 이 중생들은 모두 삼악도에서 벗어나게 될 것이다. 지극한 마음으로 지장보살에게 귀의하고 우러러 예배하며 찬탄하는 사람은 다가오는 세상 백천만억겁 가운데 늘 천상에서 으뜸가는 오묘한 즐거움을 누리게 될 것이다.

향이나 꽃, 의복과 갖가지 보배 또는 음식으로 공양하고 받드는 사람은 다가오는 세상 백천만억겁 가운데 늘 천상에서 으뜸가는 오묘한 즐거움을 누리게 될 것이다. 만약 하늘의 복이 다하여 인간 세상에 태어나더라도 백천겁에 늘 세상의 제왕이 되고 전생과 인과의 처음과 끝을 기억할 것이다. 정자재왕보살이여, 지장보살은 이와 같은 불가사의한 큰 위엄과 신통력이 있어 널리 중생을 이롭게 하느니라. 그대 보살들은 모두 이 가르침을 기록하여 널리 세상에 유포하도록 해야 할 것이다.

정자재왕보살이 부처님께 아뢰었다.

"세존이시여, 바라옵건대 중생들에 대한 지나친 근심과 걱정을 거두어 주시옵소서. 저희 천만억 보살들은 반드시 부처님의 위엄과 신통력으로 염부제에 이 가르침을 널리 유포하여 모든 중생을 이롭게 할 것입니다."

말을 마친 정자재왕보살이 세존께 아뢰고 두 손 모아 합장 공경하며 예를 올리고 물러났다. 이때 사천왕이 자리에서 일어나 두 손 모아 합장 공경하며 부처님께 사뢰었다.

"세존이시여, 지장보살님은 이처럼 오랜 세월 큰 원력을 세워 왔습니다. 그런데 어찌하여 지금까지 중생을 다 제도하지 못하고 거듭 광대한 서원을 말해야만 하는 것입니까? 바라옵건대 세존께서는 저희들을 위하여 이 의문을 풀어주시옵소서."

부처님께서 사천왕에게 말씀하셨다.

"참으로 좋은 질문이다. 내 이제 그대들과 현재뿐만 아니라 다가오는 세상의 하늘과 인간 중생들에게 온갖 이익을 주기 위하여, 지장보살이 사바세계 염부제의 생사로 가는 길에서 죄를 짓고 고통 받는 모든 중생을 자비심으로 가엾이 여겨 제도하는 방편을 설하여 주리라."

사천왕이 사뢰었다.

"세존이시여, 기쁜 마음으로 듣고자 하옵니다."

부처님께서 사천왕에게 말씀하셨다.

지장보살은 지금까지 오랜 세월 중생들을 제도하여 왔으나 아직도 그 원을 다 이루지 못하였다. 그것은 무엇 때문인가? 자비심이 담긴 안타까운 마음으로 다가오는 세상 헤아릴 수 없는 겁 동안 이 세계에서 죄를 짓고 고통 받는 중생들을 샅샅이 다시 살펴보니, 중생의 실타래와 같이 엉킨 인연이 끊어지지 않았기에 새삼 원력을 거듭 세워야 했기 때문이다. 이와 같이 보살은 사바세계 염부제에서 백천만억 방편으로 중생들을 교화하는 것이니라.

사천왕이여, 지장보살은 살생하는 사람을 만나면 그 업보로 재앙이 와서 명이 짧아지는 과보를 받게 된다고 말해 준다. 도적질하는 사람을 만나면 그 업보로 가난해지고 극심한 고통을 받게 된다고 말해 준다. 삿된 음행을 하는 사람을 만나면 그 과보로 참새나 비둘기 또는 원앙으로 태어난다고 말해 준다. 험한 말을 하는 사람을 만나면 집안 살붙이들이 서로 다투는 과보를 받게 된다고 말해 준다. 헐뜯고 비방하는 사람을 만나면 혀가 없거나 입에 부스럼이 나는 과보를 받게 된다고 말해 준다. 성내는 사람을 만나면 추하고 비루하게 야위는 과보를 받게 된다고 말해 준다. 인색한 사람을 만나면 구하는 것이 뜻대로 이루어지지 않는 과보를 받게 된다고 말해 준다.

음식을 보고 절제 하지 못하는 사람을 만나면 굶주림과 목구멍에 병이 생기는 과보를 받게 된다고 말해 준다. 사냥을 좋아하는 사람을 만나면 깜짝깜짝 놀라고 미치면서 목숨을 잃게 되는 과보를 받게 된다고 말해 준다. 부모에게 패륜하고 거역하는 사람을 만나면 천재지변으로 죽는 과보를 받게 된다고 말해 준다. 산불을 내는 사람을 만나면 미쳐서 죽게 되는 과보를 받게 된다고 말해 준다. 전생 후생에 부모에게 악독하게 구는 사람을 만나면 다시 태어나 가죽 채찍으로 심한 매를 맞는 과보를 받게 된다고 말해 준다.

어린 산새들을 그물로 잡는 사람을 만나면 부모형제가

서로 헤어지는 과보를 받게 된다고 말해 준다. 삼보를 헐뜯고 비방하는 사람을 만나면 장님이나 귀머거리 또는 벙어리가 되는 과보를 받게 된다고 말해 준다. 부처님의 가르침을 업신여기는 사람을 만나면 영영 삼악도에 떨어지는 과보를 받게 된다고 말해 준다. 절집의 물건을 함부로 쓰거나 파괴하는 사람을 만나면 억겁 동안 지옥을 윤회하는 과보를 받게 된다고 말해 준다. 스님을 욕보이고 속이는 사람을 만나면 영원히 축생으로 태어나는 과보를 받게 된다고 말해 준다. 살아있는 생명을 끓는 물이나 타는 불에 집어넣거나 칼이나 도끼로 해치는 사람을 만나면 육도에 윤회하면서 서로 앙갚음하는 과보를 받게 된다고 말해 준다.

계율을 파하고 깨끗한 생활을 어지럽히는 사람을 만나면 짐승이 되어 굶주림을 당하는 과보를 받게 된다고 말해 준다. 터무니없이 재물을 쓰거나 망가뜨리는 사람을 만나면 뒷날 구하려는 것이 하나도 없게 되는 과보를 받게 된다고 말해 준다. 아만이 높은 사람을 만나면 비천한 종이 되어 남의 부림을 당하는 과보를 받게 된다고 말해 준다. 두 말로 이간질하여 싸움을 일으키는 사람을 만나면 혀가 아예 없거나 혀가 백 개나 되는 과보를 받게 된다고 말해 준다. 삿된 소견을 지닌 사람을 만나면 외딴 변두리 태어나 쓸쓸하게 살아가는 과보를 받게 된다고 말해 준다.

이와 같이 염부제 중생들이 신구의身口意 삼업三業[20]으로 지어 나쁜 버릇을 들인 과보로 받게 되는 고통은 허다히 많지만, 이것은 그것을 간략하게 말한 것일 뿐이다. 지장보살은 이와 같이 업에 따라 각각 다른 과보를 받게 되는 염부제 중생들을 온갖 방편으로 교화하였으나, 그럼에도 불구하고 이와 같은 과보를 먼저 받고 나서는 뒷날 지옥에 떨어진다면, 이들은 오랜 세월 거기에서 벗어날 기약이 없는 것이다. 그러므로 그대들은 중생들과 그들의 나라를 잘 지키고 보호하면서 이들이 어리석게 살지 않도록 해야 할 것이다.

---

20. 중생들이 몸과 입과 뜻으로 짓는 업을 통틀어서 신구의身口意 삼업三業이라고 한다.

사천왕은 설명을 다 듣고 눈물을 흘리면서 중생들의 어리석음을 슬피 탄식하였다. 그리고 부처님께 두 손 모아 합장하고 예를 올리며 그 자리에서 물러났다.

5장. 많은 지옥의 이름들

이때 보현보살[21]이 지장보살에게 말하였다.

"어진 분이시여, 바라옵건대 천룡팔부와 미래 현재 모든 중생들을 위하여, 사바세계와 염부제에서 죄를 짓고 벌로써 극심한 고통을 받을 중생들이 가야할 지옥의 이름과 무서운 과보들을 설하시어, 다가오는 세상에서 말법 중생들이 그 과보를 알게 하여 주옵소서."

지장보살이 대답하였다.

---

21. 보현보살은 우측에서 부처님을 모시고 있는 형상으로 많이 그려지므로 우협시 右脇侍 보현보살이라고 한다. 좌협시左脇侍는 문수보살이다. 보현은 보살행을 상징하고 흰 코끼리를 타는 모습으로 많이 나타난다.

어진 분이시여, 내 이제 부처님의 위엄과 신통력으로 지옥의 이름과 죄를 지어 받는 과보를 간략하게 말씀드리겠습니다.

어진 분이시여, 염부제 동쪽에 철위산이 있습니다. 그 산은 깜깜하고 깜깜하여 햇빛이나 달빛도 볼 수 없습니다. 그곳에 큰 지옥이 있으니 이름을 극무간極無間 지옥이라고 합니다. 또 다른 지옥은 그 끝이 보이지를 않아 이름을 대아비大阿鼻 지옥이라 하고, 또 다른 지옥은 이름을 사각四角이라 하며, 또 다른 지옥은 날아다니는 칼이 난무한다고 하여 그 이름을 비도飛刀라 합니다.

또 다른 지옥이 있으니 불화살을 쏜다고 하여 이름을 화전火箭이라 하고, 또 다른 지옥은 산 사이에 죄인을 두고 가루를 만든다고 하여 이름을 협산夾山이라 하며, 또 다른 지옥은 죄인을 날카로운 창이 삐져나오도록 찌른다고 하여 이름을 통창通槍 지옥이라 합니다. 또 다른 지옥이 있으니 쇠수레에 가둔다고 하여 이름을 철거鐵車라 하고, 또 다른 지옥이 있으니 쇠상 위에 올려놓고 벌을 준다고 하여 이름을 철상鐵床이라 하며, 또 다른 지옥이 있으니 쇠소가 있다고 하여 이름을 철우鐵牛 지옥이라 합니다. 또 다른 지옥이 있으니 쇠옷을 입힌다고 하여 이름을 철의鐵衣라 하고, 또 다른 지옥이 있으니 많은 칼이 있다고 하여 이름을 천인千刃이라 하며, 또 다른 지옥이 있으니 쇠나귀가 있다고 하여 이름을 철려鐵驢 지옥이라고 합니다. 또 다른 지옥이 있으니 펄펄 끓는 구리물이 넘친다고 하여 이름을 양동洋銅이라 하고, 또 다른 지옥이 있으니 큰 기둥을 안고 벌을 받게 된다고 하여 이름을 포주抱柱라 하며, 또 다른 지옥이 있으니 시뻘건 불덩어리들이 흘러 다닌다고 하여 이름을 유화流火 지옥이라고 합니다. 또 다른 지옥이 있으니 혀를 빼내어 그 위에서 농사짓는 것처럼 쟁기질 한다고 하여 이름을 경설耕舌이라 하고, 또 다른 지옥이 있으니 목을 잘라 낸다고 하여 이름을 좌수剉首라 하며, 또 다른 지옥이 있으니 밑에서 시뻘건 불이 올라와 발과 다리를 태워버린다고 하여 이름을 소각燒脚이라 합니다.

또 다른 지옥이 있으니 죄인의 눈을 뽑아 먹는다고 하여 이름을 담안啖眼이라 하고, 또 다른 지옥이 있으니 시뻘겋게 달아오른 둥근 쇠구슬을 삼킨다고 하여 이름을 철환鐵丸이라 하며, 또 다른 지옥이 있으니 늘 시비다툼을 일삼는다고 하여 쟁론諍論이라 합니다. 또 다른 지옥이 있으니 몸 마디마디를 쇠도끼로 잘라 낸다고 하여 이름을 철부鐵鈇라 하고, 또 다른 지옥이 있으니 성을 많이 냄으로써 오장육부가 타버린다고 하여 이름을 다진多嗔이라 합니다.

지장보살은 다시 말을 이어 나갔다.

어진 분이시여, 철위산 안에 이와 같은 지옥들이 있으니 그 수가 끝이 없어 헤아릴 수 없습니다. 또 그밖에 고통을 못 참아 끝없이 신음소리를 내야 하는 규환叫喚 지옥, 혀를 뽑아 버리는 발설拔舌 지옥, 냄새나는 똥구덩이에 빠져야만 하는 분뇨糞尿 지옥, 구리 쇠사슬에 묶여 고통을 당해야 하는 동쇄銅鎖 지옥, 불덩어리 코끼리가 달려드는 화상火象 지옥, 불덩어리 개가 물어대는 화구火狗 지옥, 불덩어리 말이 짖어대는 화마火馬 지옥, 불덩어리 소가 달려드는 화우火牛 지옥, 타오르는 산속에 갇히는 화산火山 지옥, 시뻘겋게 달아오른 돌덩어리가 떨어지는 화석火石 지옥, 시뻘겋게 달아오른 평상에 놓여 극심한 고통을 당해야만 화상火床 지옥, 시뻘겋게 달아오른 다리를 건너면서 극심한 고통을 당하는 화량火梁 지옥, 불덩어리 송골매가 달려드는 화응火鷹 지옥, 톱날과 같은 이빨로 물어대는 거아鋸牙 지옥, 살갗을 남김없이 벗겨내는 박피剝皮 지옥, 피를 빨아먹는 음혈飮血 지옥, 손마디를 태우는 소수燒手 지옥, 발과 다리를 태우는 소각燒脚 지옥, 거꾸로 메달아 날카로운 가시로 찌르는 도자倒刺 지옥, 불타는 집에 가두는 화옥火屋 지옥, 철로 된 감옥에 가두는 철옥鐵屋 지옥, 불덩어리 이리가 달려드는 화랑火狼 지옥 이런 지옥들이 있습니다. 이들 지옥은 저마다 작은 지옥들을 갖고 있는데 한둘이 있기도 하고 서넛이 있기도 하며 수없이 많기도 합니다. 그들의 이름도 저마다 각각 다릅니다.

지장보살이 다시 보현보살에게 말하였다.

"어진 분이시여, 이것들이 모두 남염부제에서 나쁜 일을 저지른 중생들이 받는 과보입니다. 이처럼 업력은 수미산만큼 크고 바다처럼 깊어 부처님의 거룩한 도를 장애하는 것입니다. 그러므로 중생들은 작은 일일지라도 죄가 되지 않을 것이라고 하여 가볍게 여겨서는 안 되는 것입니다. 죽은 뒤에 정말 실오라기만한 작은 일조차 과보는 꼭 있게 되는 것입니다. 아버지와 아들처럼 아주 가까운 사이라도 과보로써 가는 길이 서로 달라 헤어져야 하고, 죽어 서로 만나더라도 그 과보를 대신 받을 수는 없는 것입니다. 내 이제 부처님의 위엄과 신통력으로 간략하게 지옥에서 받는 죄에 대한 과보를 설명 드리겠습니다. 바라옵건대 어진 분께서는 잠시 제 말을 들어주시옵소서."

보현보살이 말하였다.

"삼악도의 과보에 대하여 저는 오랫동안 알고 있었습니다. 그러나 어진 분께서 말씀 해주시기를 바라고 있습니다. 이것은 뒷날 말법시대에 온갖 죄를 짓는 중생들이 어진 분께서 말씀하신 내용을 듣고 모두 부처님께 귀의하도록 하려는 것입니다."

지장보살이 보현보살에게 말하였다.

어진 분이시여, 지옥에서 받는 과보는 이와 같습니다. 어떤 지옥에서는 죄인의 혀를 기다랗게 쭉 뽑아 그 위에서 소가 밭을 가는 쟁기질을 하게 합니다. 어떤 지옥에서는 죄인의 심장을 빼내어 무서운 야차가 씹어 먹기도 합니다. 어떤 지옥에서는 펄펄 끓는 물이 가득한 커다란 쇠솥에 죄인의 몸을 푹 담가 삶기도 합니다. 어떤 지옥에서는 빨갛게 달군 구리 기둥을 죄인이 끌어안게 하기도 합니다. 어떤 지옥에서는 허공을 날아다니는 시뻘건 불덩어리들이 죄인에게 달려들어 태워버리기도 합니다. 어떤 지옥에서는 모든 것이 한결같이 꽁꽁 얼어붙어 매우 춥기만 합니다. 어떤 지옥에서는 지옥 가득 끝도 한도 없이 더러운 똥물이 가득 넘쳐흐르기도 합니다.

어떤 지옥에서는 허공 가득히 날카로운 쇠붙이들이 이리저리 날아다니기도 합니다. 어떤 지옥에서는 시뻘겋게 달아오른 창을 죄인에게 수없이 던지기도 합니다. 어떤 지옥에서는 가슴과 등쪽만 사정없이 밀치거나 내려치기도 합니다. 어떤 지옥에서는 손과 발만 모조리 태워 버리기도 합니다. 어떤 지옥에서는 쇠로 된 뱀이 몸을 칭칭 감아 꽉 조이기도 합니다. 어떤 지옥에서는 쇠로 된 개가 죄인을 몰아대며 사정없이 물어뜯기도 합니다. 어떤 지옥에서는 시뻘겋게 달아오른 무쇠나귀에 죄인을 모조리 태우기도 합니다.

어진 분이시여, 이와 같은 과보를 받는 지옥에는 형벌을 주는 온갖 기구와 도구들이 마련되어 있습니다. 이것들은 하나같이 구리나 쇠 아니면 돌과 불 아닌 것이 없는데 이 네 가지로 중생들의 업에 따라 과보를 받게 하는 것입니다. 만약 지옥에서 받는 죄의 과보를 자세히 설명하자면 하나하나의 지옥에도 온갖 고초가 수없이 따르는데, 하물며 그 많은 지옥에서의 형벌이야 더 말할 필요가 있겠습니까? 제가 이제 부처님의 위엄과 신통력으로 어진 분의 물음에 이처럼 간략하게 설명하였습니다. 그러나 자세히 말하자고 하면 겁이 다하도록 설명해도 그 끝이 없을 것입니다.

6장. 부처님의 찬탄

이때 세존께서 온몸에서 큰 광명을 놓아 백천억 갠지스강 모래알만큼이나 되는 모든 부처님 나라를 두루 비추시며 큰 소리로 모든 부처님 세계에 있는 보살과 천룡팔부·귀신·사람·사람 아닌 무리들에게 널리 알리셨다.

"시방세계에서 불가사의한 위엄과 신통력으로 자비심을 가진 지장보살이 죄를 짓고 고통 받는 모든 중생을 구원하는 일들에 대하여 내가 이제 찬탄하는 것을 잘 들을지어다. 내가 멸도한 뒤에 그대들 모든 보살들과 천룡팔부 귀신들은 온갖 방편을 베풀어서 이 경을 잘 지키고 보호하여 모든 중생들이 열반의 즐거움을 누리게 하여야만 하느니라."

부처님께서 말씀을 마치시자 법회 중에 있던 보광보살[22]이 두 손 모아 합장 공경하며 부처님께 사뢰었다.

"지금 세존께서 지장보살이 갖고 있는 불가사의한 대위신력을 찬탄하는 것을 보았습니다. 바라옵건대 세존께서는 다가오는 세상 말법시대의 중생들을 위하여 지장보살이 하늘과 인간을 이롭게 했던 인과를 말씀하여 주시옵소서. 그리하여 천룡팔부와 다가오는 세상의 중생들이 부처님의 말씀을 지극정성으로 받아 지니도록 해 주시옵소서."

이때 세존께서 보광보살과 사부대중들에게 일러 말씀하셨다.

"잘 들을지어다. 내가 그대들을 위하여 지장보살이 하늘과 인간을 이롭게 한 복덕에 대하여 간략하게 설명하리라."

---

22. 석가모니 부처님의 제자이다. 지혜가 법계에 가득하므로 '보普'라 하고, 보살행이 허공에 가득 차므로 '광廣'이라고 한다.

보광보살이 부처님께 사뢰었다.

"예, 세존이시여. 기쁜 마음으로 듣고자 원하옵니다."

부처님께서 보광보살에게 일러 주셨다.

다가오는 세상에서 지장보살마하살의 이름을 듣고 사람들이 두 손 모아 합장하고 예배 찬탄하며 지극한 마음으로 따른다면 이들은 삼십겁을 지은 죄업에서 모두 벗어나게 될 것이다.

보광보살이여, 선남자 선여인이 지장보살의 형상을 그리거나 흙·돌·아교·칠·금·은·구리·쇠 등으로 보살의 성상聖像을 만들어서 한 번 우러러 예배를 올리면 이 사람들은 삼십삼천에 백 번 태어날 것이며 영원히 나쁜 길로 떨어지지 않을 것이다. 설사 하늘의 복이 다하여 인간 세상에 태어나더라도 국왕이 되어 큰 복덕을 잃지 않을 것이다. 혹 여인이 여인의 몸을 싫어한다면 지장보살의 성화聖畵나 흙·돌·아교·칠·구리·

쇠 등으로 조성한 성상에 지극정성으로 공양해야 하나니, 이처럼 하루도 거르지 않고 늘 꽃과 향과 음식과 그리고 의복·비단·깃발·재물·보화 등으로 지장보살에게 공양한다면 이 여인은 여인의 과보가 다하여 다시는 백천만겁 동안 여인의 세계에 태어나지 않을 것이다. 그런데 하물며 다시 여인의 몸을 받을 수 있겠느냐? 다만 자비심이 담긴 원력으로 여인의 몸을 받아서 중생을 제도하려고 하는 것은 예외지만, 지장보살에게 공양한 복력과 공덕으로 백천만겁이 다하도록 다시는 여인의 몸을 받지 않을 것이다.

보광보살이여, 어떤 여인이 추하고 병이 많은 것을 싫어한다면 지장보살의 형상 앞에서 잠시라도 지극한 마음으로 우러러 예배해야 한다. 이 공덕으로 이 여인은 천만겁 동안 태어날 때마다 용모가 원만할 것이니, 이 추하게 생긴 여인이 여자의 몸을 싫어하지 않는다면 백천만억 삶을 늘 왕녀 또는 왕비가 되거나 재상이나 명문대가의 딸로 단정하고 아름답게 태어나 여인으로서 조금도 부족함이 없을 것이다. 지극정성으로 지장보살을 우러러 예배한 까닭에 이와 같이 큰 복을 받게 되는 것이다.

보광보살이여, 다가오는 세상에서 나쁜 사람이나 귀신들은 지장보살 성상 앞에서 선남·선녀가 귀의 공양 찬탄 예배하는 것을 보고는 헐뜯고 나무라며 공덕이나 이익 되는 일이 조금도 없다고 비방하지 말아야 한다. 혹 이빨을 드러내고 조소하거나 뒤에서 다른 사람들을 부추겨 이 일이 잘못된 일이라고 말하지 말아야 한다. 비록 입으로 말하지 않더라도 속으로 헐뜯고 나무라는 나쁜 사람이나 귀신들은 현겁賢劫[23] 천불千佛이 다 멸도한 뒤 그 과보로 아비지옥에서 극심한 중죄를 받을 것이다. 이 겁이 지난 뒤에는 아귀가 되는 과보를 받고, 또 천겁이 지난 뒤에 다시 축생의 과보를 받으며, 또 천겁이 지난 뒤에서야 비로소 사람의 몸을 받게 될 것이다.

---

23. 과거 사바세계의 중생을 제도하기 위하여 천 분의 부처님이 출현하셨던 세월을 과거장엄겁過去莊嚴劫이라 하고, 현존하는 사바세계의 중생을 제도하기 위하여 천 분의 부처님이 출현하시는 세월을 현재현겁現在賢劫이라 하며, 미래 사바세계의 중생을 제도하기 위하여 천 분의 부처님이 출현하실 세월을 미래성숙겁未來星宿劫이라고 한다.

비록 사람으로 태어나더라도 가난하고 비천하며 눈이 나 코와 귀 등 오관五官이 성하지 못할 것이다. 온갖 악업이 그 마음에 얽혀 있으므로 얼마 살지 못하다가 다시 악도에 떨어질 것이다. 그러므로 보광보살이여, 다른 사람이 공양하는 것을 헐뜯고 나무라도 이런 과보를 받는데, 하물며 나쁜 생각으로 지장보살을 헐뜯 고 무시한다면 그 과보야 더 말할 필요가 있겠느냐?

보광보살이여, 간혹 다가오는 세상에서 남자이든 여자 이든 오랜 병으로 자리에 누워 살 수도 없고 죽을 수도 없는 때가 있느니라. 그럴 때는 병자가 꿈속에서 나쁜 귀신이나 집안가족들이 험한 곳에서 놀고 있는 것을 보기도 한다. 혹은 가위눌리는 귀신이 나타나거나 도깨비들과 함께 놀고 있는 것을 보기도 하여, 날이 가고 달이 가며 세월이 흘러도 병이 낫지를 않는다. 몸이 더욱 야위고 파리해지면서 자다가 소리를 지르며 처참하게 괴로워하기도 한다. 이 모든 것은 죄업의 길에서 그 죄가 가벼운 것인지 무거운 것인지를 결정하 지 못하여 목숨줄을 끊기도 어렵고 병이 낫기도 어렵기 때문이다. 이 일은 세상 사람의 눈으로는 정확히 가름할 수가 없다.

이럴 때는 오직 불보살의 성상聖像 앞에서 이 경을 큰 소리로 한 번 읽어 주어야 한다. 혹은 병자가 아끼는 물건이나 의복, 보물, 토지, 집문서 같은 것들을 병자 앞에 가져다 놓고서는 큰 소리로 이렇게 말해 주어야 한다.

'저 아무개는 병자를 위하여 부처님의 경전과 성상 앞에 이 재물들을 가져가 좋은 곳에 쓰도록 공양을 올리겠습니다' 혹은 '저 아무개는 병자를 위하여 경전이나 성화에 이 재물들을 공양 올리겠습니다' 혹은 '저 아무개는 병자를 위하여 이 재물들로 불보살의 성상이나 탑 또는 절을 조성하겠습니다' 혹은 '저 아무개는 병자를 위하여 이 재물로 지혜의 등불을 켜기 위하여 부처님 도량에 보시할 것입니다' 이처럼 병자에게 세 번 말하여 잘 알아듣게 해야 한다. 설사 병자가 정신이 흩어져 기진맥진하더라도 하루 이틀 사흘 나흘 내지 칠 일 동안 큰 소리로 이 경을 읽어주어야 하나니, 그리하면 병자가 죽더라도 숙세의 재앙이나 중죄에서 벗어나게 될 것이다. 또 오무간 지옥에 갈 중죄라도 거기에서 영원히 벗어나 태어나는 곳마다 늘 전생의 일을 알게 될 것이다. 그런데 선남자 선여인이 이 경을 쓰거나 다른 사람을 시켜 쓰게 하고, 스스로 성상을 그리고 조성하거나 다른 사람을 시켜 그리게 하고 조성하게 하면, 그들이 받는 공덕이 반드시 클 것인데 하물며 여기에 무엇을 더 말할 필요가 있겠느냐?

그러므로 보광보살이여, 이 경을 독송하고 잠깐이라도 찬탄하고 공경하는 사람을 만나거든 그대는 온갖 방편으로 그 사람이 이 일에서 물러나지 않고 부지런히 공부하도록 해야 한다. 그리하여 지금뿐만 아니라 다가오는 세상에서도 천만억 불가사의한 공덕을 얻을 수 있도록 권해야 한다.

보광보살이여, 다가오는 세상에서 중생들의 꿈이나 잠자리에 귀신이나 어떤 형상들이 나타나 슬퍼하고 근심하며 울부짖거나 두려워하고 있는 것을 볼 때가 있다. 이것들은 모두 한생·십생·백생·천생의 과거에서 부모나 형제자매 또는 부부로서 가까웠던 사람들이 복력이 없어 삼악도에서 벗어날 희망이 없기 때문에, 숙세宿世의 살붙이에게 자신의 처지를 알려 그들이 악도에서 벗어나게 할 방편을 써주기를 바라기 때문이다.

보광보살이여, 그대는 신통력으로 이들 권속을 모든 불보살의 성상 앞에 보내어 한마음 한뜻으로 이 경을 읽게 해 주어야 한다. 혹은 다른 사람에게 부탁하여 세 편 내지 칠 편을 읽도록 해 주어야 한다. 그리하면 삼악도에 있던 권속들이 경 읽는 소리가 끝나는 대로 바로 해탈하게 되어, 다시는 꿈이나 잠자리에서 영영 귀신이나 그들의 나쁜 형상을 보지 않게 될 것이다.

보광보살이여, 다가오는 세상에서 생활이 자유롭지 못한 비천하고 불행한 사람들은 그들의 처지가 숙세의 악업 때문임을 깨닫고 참회하여야 한다. 그리고 지극한 마음으로 지장보살의 성상을 우러러 예배하고 칠 일 동안 보살의 명호를 만 번 염불하여야 한다. 그리하면 금생의 과보가 다한 뒤에는 천만생 동안 항상 존귀한 몸으로 태어나 다시는 삼악도의 고통을 겪지 않을 것이다.

보광보살이여, 다가오는 세상 염부제에서 귀족·바라문·장자·거사, 그리고 성을 달리하는 종족 그 어디에서라도, 새로 태어난 아이가 있을 때에는 칠 일 이내에 불가사의한 이 경전을 읽어 주어야 한다. 아울러 보살의 명호를 만 번 염불하여 주어야 한다. 그리하면 새로 태어난 아이가 숙세에 지은 재앙의 과보가 있더라도 바로 그 과보에서 벗어나 편안하게 잘 자라 수명이 길어질 것이다. 만약 복을 타고난 아이라면 더욱 더 편안한 삶과 길고 긴 수명을 누리게 될 것이다.

또 보광보살이여, 다가오는 세상의 중생들은 매달 초하루·초여드레·열나흘·보름·열여드레·스무사흘·스무나흘·스무여드레·스무아흐레·그믐 십재일十齋

日에 모든 죄를 모아 그 죄의 가볍고 무거운 죄질을 결정해야 한다.

남염부제 중생들은 그 행동과 생각하는 것이 모두 업 아닌 것이 없고 죄 아닌 것이 없다. 하물며 제멋대로 살생·절도·사음·망어를 저지른 온갖 죄상이야 더 말할 필요가 있겠느냐? 만약 십재일에 불보살의 성상 앞에서 이 경을 한 편 읽으면 동서남북 백 유순 안에 있는 모든 재난이 없어질 것이다. 그가 사는 집안의 어른과 아이들은 누구를 가리지 않고 모두 현재뿐만 아니라 다가오는 미래의 백천세를 두고 영원히 삼악도에서 벗어날 것이다.

또 십재일에 매번 한 편씩 읽으면 현세에 이 집안에 갑자기 닥쳐오는 불행이나 병고가 없으며 의복과 음식이 풍요로울 것이다.

그러므로 보광보살이여, 마땅히 알아야 한다. 지장보살에게는 이와 같이 말로는 다 설명할 수 없는 백천만억

큰 위엄과 신통력으로 중생을 이롭게 하는 일이 있으니, 염부제 중생들은 지장보살과 큰 인연이 있는 것이다.

이들 중생들이 보살의 명호를 듣고 성상을 뵈며 나아가 이 경 가운데 있는 석 자, 다섯 자, 혹은 한 게송 한 구절만이라도 듣는다면, 이 사람은 현세에서 수승하고 미묘한 안락함을 얻을 것이다. 그리고 다가오는 세상에서 백천만생을 늘 용모도 단정하게 존귀한 집안에서 태어날 것이다.

이때 보광보살이 지장보살에 대한 부처님의 찬탄을 듣자 한 쪽 무릎을 꿇고 두 손 모아 합장하며 부처님께 여쭈었다.

"세존이시여, 저는 오랫동안 지장보살에게 불가사의한 신통력과 큰 원력이 있다는 것을 알고 있었습니다. 다가오는 세상의 중생들이 그 이로움을 알도록 일부러 부처님께 여쭈면서 저 또한 당연히 이 가르침을 정성껏 받들고자 하옵니다. 세존이시여, 이 가르침이 들어 있는 경전을 무어라고 불러야 합니까? 저희들이 어떻게 이 경전을 세상에 널리 알려야만 하는 것입니까?"

부처님께서 보광보살에게 일러 주셨다.

"여래의 가르침인 이 경전에는 세 가지 이름이 있다. 하나는 지장본원경地藏本願經이며, 또 하나는 지장본행경地藏本行經이며, 나머지 하나는 지장본서력경地藏本誓力經이라 한다. 이런 이름은 지장보살이 오랜 세월 큰 원력을 거듭 세워가며 중생들을 이롭게 한 것이 인연이 되었기 때문이다. 그러므로 그대들은 이 원력에 따라 이 가르침을 세상에 널리 알려야 할 것이다."

보광보살은 이 말을 듣고 지극한 믿음으로 이 경전을 받아 지녔다. 그리고 두 손 모아 합장 공경하며 부처님께 예를 올리고 그 자리에서 물러났다.

7장. 죽은 자와 산 사람의 이익

이때 지장보살이 부처님께 아뢰었다.

세존이시여, 제가 이 염부제 중생들을 살펴보니 언행이나 생각하는 것들이 모두 죄 아닌 것이 없습니다. 착하고 이로운 마음을 냈다가도 대개는 오래가지 못하며 혹 나쁜 인연을 만나면 점점 더 나쁜 인연만 깊어지고 있습니다.

이 사람들은 마치 진흙길을 갈 때 무거운 돌을 짊어지고 가듯이 점차 짐이 무거워지고 시나브로 피곤해져, 가면 갈수록 발걸음이 깊은 수렁에 빠지고 있습니다. 그러나 올바른 선지식을 만나면 선지식이 짐 일부를 덜어 주기도 하고, 전부를 대신 짊어져 주기도 합니다. 이

선지식은 큰 힘이 있으므로 다시 그를 부축해 주고 도와주어 편안하게 해 줍니다. 그러다 평지에 이르면 나쁜 길을 살펴 다시는 그 길을 지나가지 않게 해 줍니다.

세존이시여, 악에 물든 중생은 조그마한 틈만 있어도 헤아릴 수 없는 죄로 정신없이 빠져듭니다. 모든 중생들에게는 이런 습성이 있습니다. 그러므로 목숨이 다해 생명이 끊어질 때 부모 형제자매와 그 권속들은 마땅히 복덕을 베풀어 그의 저승길을 도와주어야 합니다. 부처님의 법을 상징하는 높은 깃발을 내 걸거나 지혜를 상징하는 등불을 환히 밝혀 주어야 합니다. 경전을 읽으면서 부처님의 가르침을 받들어 모셔야 합니다. 부처님이나 모든 성상 앞에서 공양을 올리거나 불보살과 벽지불의 명호를 염불해 주어야 합니다. 이 분들의 명호를 목숨이 다하여 생명이 끊어지려는 사람에게 한 번만이라도 들려주거나 몸을 떠난 영혼이 듣게 해주어야 합니다.

목숨이 다하여 생명이 끊어진 사람의 악업으로 따지자면 틀림없이 삼악도에 떨어져야 하는데도, 부모 형제자매와 그 권속들이 죽은 사람을 위하여 부처님과 성스러운 인연을 맺어준다면, 그들이 지은 숱한 죄들이 모두 없어질 것입니다. 거듭 임종한 사람을 위하여 7·7일 안에 다시 좋은 온갖 인연을 맺어주어야 합니다. 그리하면 죽은 자들이 영원히 나쁜 길에서 벗어날 것입니다. 인간이나 천상계에 태어나 수승하고도 오묘한 즐거움을 누리게 될 것입니다. 또한 살아있는 부모 형제자매와 그 권속들에게도 이 공덕이 돌아가 그들의 이익이 헤아릴 수 없이 많을 것입니다.

그러므로 제가 이제 부처님과 천룡팔부와 사람과 사람 아닌 무리들 앞에서 당부하노니, 염부제 중생들은 임종하는 날에 다른 생명을 죽이거나 해치는 나쁜 인연을 맺지 말아야 하며, 또한 귀신이나 도깨비들 앞에서 제사를 지내지 말아야 합니다. 왜냐하면 다른 생명을 죽이거나 해치는 나쁜 인연과 제사는 조금도 죽은 사람에게 이익이 되지 않기 때문이며, 오히려 죄를 더 짓는 인연이 될 뿐만 아니라 그 죄업이 더욱 깊어지고 무거워지기 때문입니다. 설사 지금 세상뿐만 아니라 다음 세상에서 성스러운 인연을 맺어 인간이나 천상계에 태어난다 하더라도, 임종시에 그 권속들이 지은 나쁜 인연과 죽는 사람이 지은 여러 허물들이 겹쳐서 좋은 곳에 태어나는 일이 더디게 될 것이며, 만약 임종한 사람이 살아생전에 조그마한 선근도 짓지 못했다면 그는 자신의 업에 따라 스스로 삼악도에 떨어지는 과보를 받게 될 것인데 그 권속들이 거기에 죄업을 더 보태서야 되겠습니까?

비유하자면 이것은 먼 곳에서 오는 사람이 무거운 짐을 짊어지고 사흘이나 굶었는데 갑자기 옆 사람이 짐을 조금 더 얹어줌으로써 짐은 더 무거워지고 몸은 더 피곤해지는 것과 같습니다.

세존이시여, 제가 보니 염부제 중생들은 부처님의 가르침에 따라 털 오라기 한 올, 물 한 방울, 모래 한 알, 티끌 하나만큼이라도 착한 일을 하여야 합니다. 그리해야 모든 복덕을 자신이 얻게 될 것입니다.

이 말을 할 때 법회 대중 가운데에는 '부처님 법대로 말하는 대변大辯'이라는 장자가 있었다. 이 장자는 이미 오래 전에 '생멸이 없는 무생無生'을 깨달아 얻고 시방 세계 중생들을 교화 제도하기 위하여 장자의 몸으로 화현化現한 사람이었다. 그는 두 손 모아 합장 공경하며 지장보살에게 물었다.

"지장보살이시여, 남염부제 중생들은 목숨이 다한 뒤에 부모 형제자매와 여러 권속들이 그를 위하여 공덕을 닦거나 재를 올려 좋은 인연을 많이 지어 주어야 할 것입니다. 그리해야 죽은 사람이 큰 이익을 얻고 해탈할 수 있지 않겠습니까?"

지장보살이 대답하였다.

장자시여, 지금뿐만 아니라 다가오는 세상의 모든 중생들을 위하여 제가 부처님의 위엄과 신통력으로 이 일들을 간략하게 말씀드리겠습니다. 장자시여, 지금 뿐만 아니라 다가오는 세상의 모든 중생들이 임종할 때 부처님이나 보살 또는 벽지불의 이름을 하나만이라도 얻어 듣는다면 어떤 죄이든 묻지 않고 다 해탈을 얻을 것입니다. 사람들이 살았을 때 좋은 일은 하지 않고 나쁜 일만 많이 하였더라도, 목숨이 끊어진 뒤 부모나 여러 형제자매들이 그를 위하여 온갖 복덕과 이익으로 성스러운 일을 한다면 그 공덕 칠분의 일은 죽은 자가 얻고 칠분의 육은 산 사람이 갖게 될 것입니다.

이 때문에 현재뿐만 아니라 다가오는 세상의 선남善男 선녀善女들은 스스로 닦는 것에 따라서 닦는 것만큼 그 공덕을 얻게 된다는 것을 잘 듣고 아셔야 합니다. 덧없이 죽음을 불러들이는 큰 귀신[無常大鬼]은 어느 날 느닷없이 들이닥칠 것이며, 어둠 속에 방황하는 귀신들은 죄와 복이 어떠한 것인지를 미처 알지 못할 것입니다. 사십구일 동안 벙어리나 귀머거리처럼 아무 소리도 못하고, 저승사자들 앞에서 그의 죄업을 드러내

심판을 받은 뒤에 다음 생을 지은 업에 따라 받아야만 합니다. 그 사이 미리 앞일을 예측하지 못하는 동안에도 온갖 근심과 고통이 생겨날 것입니다. 그런데 하물며 삼악도에 떨어진 그 근심과 고통이야 더 말할 필요가 있겠습니까?

목숨이 다한 사람들은 아직 생을 받지 못하는 49일 동안 어두운 허공을 떠돌아다니면서 마음속으로 늘 부모와 형제자매들이 복덕을 지어 자신을 구원해 주기를 바랄 것입니다. 그러다 49일이 지나면 지은 업에 따라 그 과보를 받아야 합니다. 만약 죄를 지은 사람이라면 천백 년이 지나도 고통에서 벗어날 수 없을 것입니다. 만약 오무간 죄를 짓고 큰 지옥에 떨어졌다면 천 겁 만 겁이 지나도록 영원히 극심한 온갖 고통을 받게 될 것입니다.

장자시여, 이와 같이 죄를 지은 중생들의 목숨이 끊어진 뒤에 그 부모와 형제자매들은 죽은 영가를 위하여 재를 마련하고 죽은 이의 가는 길을 도와주어야만 합니다. 재식齋食이 끝나기 전이나 재를 진행하고 있는 동안에는 쌀뜨물이나 채소 이파리를 땅에 버리지 말아야 합니다. 부처님이나 스님들께 공양 올리기 전에는 모든 음식에 먼저 손을 대지 말아야 합니다. 만약 이를 어기고 먼저 먹거나 올바른 마음을 쓰지 못한다면 죽은 사람이 공덕을 입지 못할 것입니다. 끊임없이 마음을 올곧게 갖고 맑고 깨끗한 마음자리를 지켜나가면서 부처님과 스님들께 헌신하고 봉사하여야 합니다. 그리해야 여기서 생기는 공덕 가운데 죽은 사람이 칠분의 일을 갖게 되는 것입니다.

그러므로 장자시여, 염부제 중생들은 부모와 형제자매들이 죽은 뒤에 그들을 위하여 재를 마련하고 삼보에 공양하여야 됩니다. 한마음 한뜻으로 이들의 극락왕생을 끊임없이 바라고 염불하여야 합니다. 그리해야 이들과 인연 있는 죽은 사람과 산 사람들이 고루 그 혜택을 보게 될 것입니다.

이와 같이 지장보살이 말씀하실 때 도리천궁에 있던

천만억 나유타 염부제 귀신들이 헤아릴 수 없이 많은 부처님의 세상을 깨닫고자 하는 마음을 내었다. 부처님 법대로 말하는 대변장자는 기쁜 마음으로 지장보살의 가르침을 받들고 지극한 예를 올리며 그 자리에서 물러났다.

8장. 염라대왕과 그 대중이 공덕을 찬탄

이때 철위산 안에 있던 헤아릴 수 없이 많은 귀신들의 왕들이 염라대왕과 함께 도리천궁에 계신 부처님을 찾아뵈었다. 이른바 악독귀왕惡毒鬼王·다악귀왕多惡鬼王·대쟁귀왕大諍鬼王·백호귀왕白虎鬼王·혈호귀왕血虎鬼王·적호귀왕赤虎鬼王·산앙귀왕散殃鬼王·비신귀왕飛身鬼王·전광귀왕電光鬼王·낭아귀왕狼牙鬼王·천안귀왕千眼鬼王·담수귀왕噉獸鬼王·부석귀왕負石鬼王·주모귀왕主耗鬼王·주화귀왕主禍鬼王·주복귀왕主福鬼王·주식귀왕主食鬼王·주재귀왕主財鬼王·주축귀왕主畜鬼王·주금귀왕主禽鬼王·주수귀왕主獸鬼王·주매귀왕主魅鬼王·주산귀왕主産鬼王·주명귀왕主命鬼王·주질귀왕主疾鬼王·주험귀왕主險鬼王·삼목귀왕三目鬼王·사목귀왕四目鬼王·오목귀왕五目鬼王·기리실왕祁利失王·대기리실왕大祁利失鬼王·기리차왕祁利叉鬼王·대기리차왕大祁利叉鬼王·아나타왕阿那吒鬼王·대아나타왕大阿那吒鬼王 등이었다. 이들 큰 귀왕들은 저마다 백천이나 되는 작은 귀왕들을 거느리고 있었다. 이 귀신들은 전부 다 염부제에서 제각기 맡은 일을 하며 주인 노릇을 하고 있었다. 염라대왕과 함께한 이 귀왕들은 모두 부처님의 위엄과 신통력 그리고 지장보살의 힘으로 다 함께 도리천궁에 계신 부처님을 찾아뵙고 한 쪽에 서 있었다.

이때 염라대왕이 한 쪽 무릎을 땅에 꿇고 두 손 모아 합장하며 부처님께 아뢰었다.

"세존이시여, 제가 지금 여러 귀왕들과 함께 부처님의 위엄과 신통력 그리고 지장보살의 힘으로 이 도리천궁 법회에 참여한 것은 저희들도 좋은 공덕을 얻고자 하기 때문입니다. 그런데 제가 이제 조그마한 의심이 있어 감히 세존께 여쭙고자 합니다. 세존이시여, 바라옵건대 자비심으로 저희들을 위하여 말씀하여 주시옵소서."

부처님께서 염라대왕에게 말씀하셨다.

"마음대로 의심나는 것을 물어라. 내 그대를 위하여 의심을 풀어 주리라."

그러자 염라대왕이 우러러 예배하고 지장보살을 바라보며 부처님께 사뢰었다.

"세존이시여, 제가 지장보살을 뵈니 육도六道에 계시면서 죄를 짓고 극심한 고통을 받는 중생들을 온갖 방편으로 제도하시며 조금도 자신의 몸을 돌보지 않으셨습니다. 이 대보살께서 이와 같이 불가사의하고 신통한 일을 하시는데도 뭇 중생들은 죄지은 과보에서 구원되었다가는 머지않아 또 다시 악도에 떨어지고는 합니다. 세존이시여, 지장보살께서 이처럼 불가사의한 신통력이 있으신데 어찌하여 중생들은 착한 길로 들어가서 영원히 해탈하지 못하는 것이옵니까? 바라옵건

대 세존이시여, 저희들을 위하여 이 의문을 풀어주시옵
소서."

부처님께서 염라대왕에게 말씀하셨다.

남염부제 중생들은 그 성질이 억세고 거칠어서 잘
다스리고 가르치기가 어려웠다. 그러나 지장보살이
백천겁을 두고 이 중생들을 낱낱이 구원하여 서둘러
해탈시켰다. 삼악도에 떨어진 이 모든 죄인들을 방편으
로 지장보살이 근본 업연에서 빼내어 전생의 일을
깨닫게 해주었다. 그러나 염부제 중생들은 본디 나쁜
버릇에 많이 물들어져 있기에 삼악도에서 나왔다가는
곧 도로 들어가기가 일쑤였다. 그래서 보살의 수고로움
이 오랜 세월 거듭 더해져서야 비로소 이 중생들을
제도 해탈시킬 수 있었다. 비유하면 어떤 사람이 자기
집으로 가는 길을 잃고 험한 길로 들어서는 것과 같으
니, 그 험한 길에는 야차·호랑이·늑대·사자·도마뱀·독
사들이 우글거렸다. 길은 잃은 사람은 험한 길에서
자기도 모르게 이것들에 물려 순식간에 맹독에 중독이

되었으나, 그때 어떤 선지식의 도움이 있어서 여러 가지 치료법으로 이 나쁜 독들이 온몸에 퍼지는 것을 잘 막아내었다.

치료를 받은 사람이 다시 험한 길로 들어가려는 것을 보고 선지식이 말하였다.

"딱하시오, 무슨 일 때문에 다시 이 길로 그대는 가려 하시오? 어떤 재주가 있기에 온갖 나쁜 독들을 감당해 낼 수 있단 말이오?"

길 잃은 사람이 문득 이 말을 듣고서야 다시 험한 길로 들어선 것을 알고 되돌아 그 길에서 빠져나오게 되니, 선지식은 이 사람의 손을 잡고 이끌어 나쁜 독의 위협을 벗어나게 하여 좋은 길에서 마음이 편안해지게 한 뒤 말하였다.

"그대는 참으로 위험할 뻔 하였소. 다시는 이 길로 가지 마시오. 이 길로 들어간 사람은 위험을 벗어나기 어렵고 잘못하다가는 생명조차 위태롭소."

길을 잃었던 사람은 선지식의 친절한 마음씨에 크게 감동을 받았다. 선지식은 헤어질 때 다시 말하였다.

"만약 아는 사람이나 길 가는 사람들을 만나거든 이 길에 나쁜 독을 가진 짐승들이 우글거려 목숨을 잃을 수도 있다고 일러 주어야 합니다. 그들이 스스로 죽음의 길로 들어서지 않도록 해주어야 합니다."

이와 마찬가지로 지장보살도 크나큰 자비심으로 죄를 짓고 극심한 고통을 받는 중생들을 구제하여 인간이나 천상계에 태어나 미처 맛보지 못한 즐거움을 누리게 해주려고 하였다. 이 죄 많은 중생들이 악도의 업보가 얼마나 괴로운가를 알게 하여 여기서 벗어나 다시는 영원히 나쁜 길로 가지 않게 하였다. 이것은 마치 길을 잃은 사람이 험한 길로 잘못 들어갔다가 선지식을 만나 구출되어 다시는 이 길로 영원히 들어서지 않는 것과 같다.

만나는 사람마다 이 길로 들어가지 말도록 권유하니 자연히 길을 잃었던 것을 계기로 영원한 해탈을 얻어 다시는 험한 길로 들어서지 않는 것과 같다. 만약 다시 그 길로 간다면 아직 길을 잃은 사람이니 예전에 험한 길에 빠졌던 것을 깨닫지 못하여 목숨을 잃을 수도 있다. 이것은 삼악도에 떨어진 중생들이 지장보살의 방편으로 삼악도에서 벗어나 인간이나 천상계에 태어나도 또 죄를 짓고 다시 악도에 떨어지는 것과 같다. 이처럼 죄업에 깊이 물들면 영원히 지옥에서 벗어날 때가 없을 것이다.

이때 악독귀왕이 두 손 모아 합장 공경하며 부처님께 아뢰었다.

"세존이시여, 저희 귀왕들은 그 수가 헤아릴 수 없을 만큼 많이 염부제에 살고 있습니다. 혹 사람들에게 이익도 주고 손해도 입히는 것은 저마다 그들의 업보가 다르기 때문입니다. 저희 권속들이 세상을 돌아보면 나쁜 일이 많았고 좋은 일은 적었습니다. 그러므로 큰 도시이든 작은 도시이든 간에 가리지 않고 찾아가 사람이 살고 있는 동네를 지나다가 혹 어떤 사람들이 작은 일에서라도 좋은 마음을 내어 부처님의 법을 드러내고 보호하는 깃발이나 햇빛을 가리는 일산 한 개라도 밖에 내걸어 놓은 것을 보면 저희 귀왕들은 과거·현재·미래의 모든 부처님께 하듯 그 사람을 공경하고 그에게 극진한 예를 올리겠습니다.

또한 적은 양의 향과 꽃이라도 부처님이나 보살님의 성상 앞에 올리고, 경전을 읽으며 부처님의 가르침을 존중하여 향을 사르고 부처님의 법문 한 구절 한 게송이라도 공양하는 것을 보면, 저희 귀왕들은 과거·현재·미래의 모든 부처님께 하듯 그 사람을 공경하여 그에게 극진한 예를 올리겠습니다. 작은 귀신들 모두에게 명하여 저마다 힘이 있는 귀신과 토지를 맡아 지키는 귀신들로 하여금 그 사람을 보호하고, 나쁜 일과 나쁜 병, 뜻밖의 재앙으로 죽는 일, 뜻밖에 닥치는 불행 그리고 뜻대로 되지 않는 일들이 그 집 근처에 다가서지 못하도록 하겠습니다. 그런데 하물며 그 집 문 안에 이것들을 들이기야 하겠습니까?"

부처님께서 악독귀왕을 찬탄하셨다.

"착하고 착하도다. 그대들이 염라대왕과 함께 선남자 선여인들을 감싸고 보호한다니 나 역시 범천왕과 제석천왕이 그대들을 지키고 보호하게 하리라."

이 말씀을 마치셨을 때 법회 가운데 있던 주명主命이라는 귀왕이 부처님께 아뢰었다.

세존이시여, 제가 본디 하는 일은 염부제 사람들의 수명을 주관하는 것입니다. 그러므로 사람들이 태어날 때와 죽을 때를 저는 모두 알고 있습니다. 제가 품은 본디 원은 그들에게 참으로 큰 이익을 주고자 하는 것입니다. 그러나 중생들은 제 뜻을 알지 못하므로 날 때와 죽을 때를 당해서는 모두 편안한 마음을 갖지 못합니다.

왜냐하면 그것은 염부제 사람들이 처음 태어날 때 집안에서 좋은 일을 많이 해야 토지신이 한없이 기뻐하여 어머니와 아기를 감싸고 보호하여 편안한 즐거움을 갖도록 해 주고, 나아가 그 형제자매들에게까지 이익을 갖다 주는 것이라, 아기를 낳은 뒤에 다른 생명을 죽이거나 해치는 일을 삼가 해야 하는데도 온갖 물고기를 잡아 산모에게 먹이고, 부모와 형제자매들이 다 함께 모여 술과 고기를 먹고 마시며 노래하고 풍악을 울리기 때문입니다. 그리하면 태어난 아이와 그 어머니가 편안한 즐거움을 얻지 못합니다. 왜냐하면 어머니의 극심한 고통 속에 아이가 태어날 때 헤아릴 수 없이 많은 나쁜 귀신들과 도깨비와 정령들이 피비린내 나는 핏덩이를 먹으려고 모여들기 때문입니다. 그러므로 저는 먼저 그 집이나 터의 영물靈物들로 하여금 태어나는 아이와 그 어머니를 보호하게 하여 편안한 즐거움과 커다란 이익을 얻을 수 있게 하려고 합니다.

이들이 편안한 즐거움을 얻었다면 당연히 복을 지어 모든 토지신들에게 보답해야 합니다. 그런데 도리어

살생하기 위하여 부모와 형제자매들이 모인다니! 이 때문에 재앙을 만들어 스스로 과보를 받을 뿐만 아니라 태어난 아이와 그 어머니에게까지 해악을 끼치는 것입니다.

또한 저는 염부제에서 목숨이 다하여 생명이 끊어지는 사람들의 선악을 따지지 않고 이 사람들이 악도에 떨어지지 않기를 바라고 있습니다. 하물며 스스로 좋은 일을 많이 한 사람에게 저의 힘을 보태준다면 여기에 무엇을 더 말할 게 있겠습니까? 염부제에서 좋은 일을 많이 한 사람들이 목숨이 다하여 생명이 끊어질 때도 독기를 품은 수많은 귀신들이 부모나 형제자매의 모습으로 변신하고 죽은 사람을 이끌어 나쁜 길로 떨어지게 합니다.

하물며 악행을 저지른 자야 더 말할 것이 있겠습니까? 세존이시여, 염부제 사람들은 목숨이 다하여 생명이 끊어질 때 정신이 혼미하여 선과 악을 가리지 못합니다. 게다가 눈이나 귀로 보고 듣지도 못합니다. 그러므로 부모와 형제자매들은 큰 공양을 올리고 경전을 읽고 부처님의 가르침을 받들며 불보살의 명호를 마음깊이 불러야만 합니다. 이와 같은 좋은 인연으로 죽은 자를 악도에서 벗어나게 하고 온갖 악마와 귀신들이 모두 흩어지게 해야 합니다. 세존이시여, 모든 중생들이 임종할 때는 부처님이나 보살님의 명호를 한 번만이라도 듣게 하거나 혹은 대승경전의 가르침을 한 구절 한 게송만이라도 듣게 해야 합니다. 그리하면 제가 이런 사람들을 살펴 오무간 지옥에 떨어질 살생죄를 제외한 그 나머지 보잘 것 없는 죄로 악도에 떨어질 사람들을 모두 찾아 악도에서 벗어나도록 하겠습니다.

부처님께서 주명귀왕에게 말씀하셨다.

"자비로운 마음으로 그대가 이와 같은 큰 원을 세우고 사바세계에서 나고 죽는 모든 중생들을 감싸고 보호하는구나. 다가오는 세상에서 사람들이 태어나고 죽을 때에 그대는 결코 이 원을 저버리지 말아야 한다. 모든 중생을 고통에서 벗어나게 하여 편안한 즐거움을 얻게 하여야 한다."

주명귀왕이 부처님께 아뢰었다.

"세존께서는 조금도 염려하지 마옵소서. 제가 이 소임을 마칠 때까지 언제나 염부제 중생을 감싸고 보호할 것입니다. 그리하여 태어나거나 죽을 때마다 모두 편안한 즐거움을 얻도록 할 것입니다. 다만 저는 모든 중생들이 태어나고 죽을 때 저의 말을 믿고 받아들여 고통에서 벗어나 큰 이익을 얻게 되기를 바랄 뿐입니다."

이때 부처님께서 지장보살에게 말씀하셨다.

"중생의 수명을 관리하는 주명귀왕은 이미 백천생을 대귀왕이 되어 사바세계에 태어나고 죽는 중생들을 감싸고 보호해 주었다. 이 보살은 자비로운 원력으로 말미암아 대귀왕의 몸으로 나타난 것이지 사실은 귀신이 아니다. 앞으로 일백칠십 겁을 지난 뒤 성불하여 명호를 '무상여래'라 부를 것이다. 그 분이 계시는 편안한 세월의 이름은 '안락安樂'이라 하고, 그 세상의 이름은 맑은 기운이 머문다고 하여 '정주淨住'라고 할 것이다. 그 부처님의 수명은 '헤아릴 수 없는 겁'이 될 것이다. 지장보살이여, 대귀왕이 하는 일은 이처럼 불가사의하여 그가 제도한 인간이나 하늘 사람의 숫자 또한 헤아릴 수 없느니라."

9장. 부처님의 명호들

이때 지장보살이 부처님께 사뢰었다.

"세존이시여, 제가 이제 다가오는 세상의 중생들을 위하여 이익 되는 일을 자세히 설명하여 생사 가운데에서 큰 이익을 얻게 하고자 합니다. 바라옵건대 세존께서 저의 이야기를 들어 주시옵소서."

부처님께서 지장보살에게 말씀하셨다.

"그대가 이제 자비로운 마음으로 죄를 짓고 극심한 고통을 받는 모든 육도 중생을 구원하려고 불가사의한 일을 자세히 설명하려 하니 지금이 바로 그 때니라. 어서 빨리 말하여라. 나는 곧 열반에 들 것이다. 어서 빨리 그대의 원을 이루어야 나 또한 지금뿐만 아니라 다가오는 세상의 모든 중생들에 대한 걱정이 없어질 것이다."

지장보살이 부처님께 아뢰었다.

세존이시여, 과거 무량아승지겁에 그 몸의 끝이 어디인지 알 수 없는 무변신여래無邊身如來라는 부처님이 계셨습니다. 그 당시 사람들이 그 부처님의 명호를 듣고 잠깐이라도 공경하는 마음을 내면 곧 사십겁 생사에서 지은 온갖 무거운 죄에서 그 과보를 벗어났습니다. 하물며 그 부처님의 모습을 그림으로 그리거나 성상으로 만들어 공양하고 찬탄하였다면 그 공덕이 어떠했겠습니까? 그 사람은 헤아릴 수 없이 많고도 끝이 없는 복덕을 얻게 되었습니다.

또 '과거 갠지스 강 모래알 수만큼의 아득한 겁'에 보성여래寶性如來라는 부처님이 계셨습니다. 그 당시 사람들이 그 부처님의 명호를 듣고 손가락을 한 번

튕기는 시간 동안만이라도 도 닦을 마음을 내어 귀의하면, 그 사람은 최고의 가르침인 무상도無上道에서 영원히 물러나지 않게 되었습니다.

또 과거에 파두마승여래波頭摩勝如來라는 부처님이 계셨습니다. 그 당시 사람들은 그 부처님의 명호를 듣거나 귀에 스치기만 해도 천 번을 거듭 육욕천[24]에 태어났습니다. 하물며 한마음 한뜻으로 그 명호를 염불하였다면 그 공덕이야 어떠했겠습니까?

또 과거 불가설불가설 아승지겁에 우렁찬 목소리로 중생을 교화하는 사자후여래獅子吼如來라는 부처님이 계셨습니다. 그 당시 사람들이 그 부처님의 명호를 듣고 한마음으로 귀의하면 그 사람은 헤아릴 수 없이 많은 모든 부처님의 마정수기摩頂受記를 받게 되었습니다.

---

24. 욕계欲界의 맨 위쪽에 있는 하늘이다. 크게 여섯 종류로 나누기 때문에 육욕천六欲天이라고 한다.

또 과거 구류손불拘留孫佛이라는 부처님이 계셨습니다. 그 당시 사람들이 그 부처님의 명호를 듣고 한마음 한뜻으로 우러러 예배 찬탄을 하면 그 사람은 현겁賢劫 일천 부처님의 법회에서 대범천왕이 되어 뒷날 부처님이 되리라는 수기를 받았습니다.

또 과거에 비바시불毘婆尸佛이라는 부처님이 계셨습니다. 그 당시 사람들이 그 부처님의 명호를 들으면 영원히 삼악도에 떨어지지 않고 늘 인간이나 천상계에 태어나 수승하고 오묘한 즐거움을 누리게 되었습니다.

또 과거 헤아릴 수 없고 셀 수 없는 갠지스 강 모래알만큼의 겁에 보승여래寶勝如來라는 부처님이 계셨습니다. 그 당시 사람들이 그 부처님의 명호를 들으면 끝내 악도에 떨어지지 않고 늘 천상에서 수승하고 오묘한 즐거움을 누리게 되었습니다.

또 과거에 보상여래寶相如來라는 부처님이 계셨습니다. 그 당시 사람들이 그 부처님의 명호를 듣고 공경하는 마음을 내면 그 사람은 오래지 않아 아라한이 되었습니다. 또 과거 헤아릴 수 없는 아승지겁에 가사당袈裟幢 여래라는 부처님이 계셨습니다. 그 당시 사람들이 그 부처님의 명호를 들으면 일백대겁 생사에서 지은 죄의 모든 과보를 벗어나게 되었습니다.

또 다른 과거에 대통산왕大通山王 여래라는 부처님이 계셨습니다. 그 당시 사람들이 그 부처님의 명호를 들으면 갠지스 강 모래알 수만큼의 부처님이 설하는 법을 만나 반드시 깨달음을 이루게 되었습니다.

또 다른 과거에 정월불淨月佛·산왕불山王佛·지승불智勝佛·정명왕불淨名王佛·지성취불智成就佛·무상불無上佛·묘성불妙聲佛·만월불滿月佛·월면불月面佛 등 이루 다 말로 헤아릴 수 없이 많은 부처님이 계셨습니다.

세존이시여, 지금뿐만 아니라 다가오는 세상의 천상계나 지구상의 사람들이 오직 부처님 한 분만의 명호를 기억하고 염불하여도 그 공덕이 헤아릴 수 없이 많습니다. 그런데 하물며 많은 부처님의 명호를 기억하고 염불한다면 그 공덕이 어떠하겠습니까?

이 중생들은 태어날 때나 죽을 때 저절로 큰 이익을 얻고 끝내는 악도에 떨어지지 않을 것입니다. 임종하는 사람의 집안에서 부모와 형제자매들 나아가 그 권속한 사람만이라도 병자를 위하여 큰 소리로 부처님 명호를 염불한다면, 목숨이 다하여 생명이 끊어지는 사람은 전에 지은 오무간이라는 큰 죄를 빼고는 나머지 업보들이 모두 다 소멸될 것입니다.

그 오무간 큰 죄는 지극히 엄중하여 억겁을 지나도 벗어날 수 없는 것입니다. 그러나 임종 때 다른 사람이 그를 위하여 부처님의 명호를 염불하여 준다면 염불한 공덕으로 그 무거운 죄 또한 시나브로 없어질 것입니다. 그런데 하물며 죄를 지은 중생이 스스로 염불할 수 있다면 그 공덕이 어떠하겠습니까? 헤아릴 수 없이 많은 복덕을 받을 것이므로 헤아릴 수 없이 많은 죄업도 같이 없어질 것입니다.

10장. 보시하는 공덕

이때 지장보살이 부처님의 위엄과 신통력으로 자리에서 일어나 한 쪽 무릎을 땅에 꿇고 두 손 모아 합장하며 부처님께 사뢰었다.

"세존이시여, 제가 육도에 윤회하는 중생들의 보시 공덕을 살펴보니 그 공덕이 큰 사람도 있고 작은 사람도 있었습니다. 어떤 사람은 일생 동안 복을 받기도 하고, 어떤 사람은 10생 동안 복을 받기도 하며 어떤 사람은 백생 천생을 두고 크나큰 복덕을 받는 사람도 있었습니다. 이 일이 어찌해서 그런 것입니까? 바라옵건대 세존께서는 저희들을 위하여 이 의문을 풀어주시옵소서."

이때 부처님께서 지장보살에게 말씀하셨다.

"내 이제 도리천궁에 모인 모든 대중들에게 염부제에서 보시한 공덕의 많고 적음을 헤아려 말할 것이다. 그대들은 자세히 들어라. 내 그대들을 위하여 설하리라."

지장보살이 부처님께 사뢰었다.

"저는 이 일이 참으로 궁금하였습니다. 기쁜 마음으로 부처님의 가르침을 듣고자 하옵니다."

부처님께서 지장보살에게 말씀하셨다.

"남염부제에 있는 모든 국왕이나 재상·대신·장자·귀족·바라문들은 가난한 사람·아픈 사람·벙어리·귀머거리·눈먼 장님들 같이 장애를 지닌 온갖 사람들을 만나게 되면 이들에게 필요한 것을 보시하여야 한다. 자비로운 마음으로 겸허하게 미소 짓고 손수 혹은 다른 사람을 시켜 재물을 베풀면서 부드러운 말로 위로해 주어야 한다. 그러면 이들이 얻는 이익은 마치

백 개의 갠지스 강 모래알 수만큼이나 되는 부처님께 보시하는 공덕과 같을 것이다. 왜냐하면 아주 가난하고 천하거나 장애를 지닌 사람들에게 크게 자비로운 마음을 낸 인연의 과보로써 이들에게는 복덕과 이익이 있게 되니 백천생 동안 늘 금은보화와 칠보가 다 갖추어질 것이기 때문이다. 하물며 입고 먹고 사는 일이야 더 말할 필요가 있겠느냐?

지장보살이여, 다가오는 세상의 모든 국왕이나 바라문들은 절과 탑 그리고 부처님이나 보살·성문·벽지불의 성상을 마주할 때 몸소 공양물을 마련하여 공양을 올리고 보시를 해야 한다. 그리하면 이들은 마땅히 삼겁을 제석천이 되어 수승하고 오묘한 즐거움을 누리게 될 것이다. 이 보시 공덕으로 받는 복덕과 이익을 다시 법계에 회향하면 이들은 마땅히 십겁을 언제나 대범천왕이 될 것이다.

지장보살이여, 다가오는 세상에서 국왕이나 바라문들은 오래 된 절이나 탑 혹은 경전이나 불상이 손상되거나 퇴락한 것을 보게 되면, 그때 이것들을 보수하려는 마음을 내고 손수 이 일을 해나거나 많은 다른 사람들에게 이것들을 보수할 보시 인연을 맺어주어야 한다. 그러면 이들은 백천생 언제나 전륜성왕이 되고 이 보시에 동참한 다른 사람들은 백천생 언제나 작은 나라의 왕이 될 것이다. 다시 그 공덕을 부처님 앞에 회향하면 이들은 모두 성불할 것이니, 그 과보는 헤아릴 수 없이 많고 끝없기 때문이다.

지장보살이여, 다가오는 세상에서 국왕이나 바라문 그 누구라도 늙고 병든 사람이나 임산부를 보게 될 때, 잠깐이라도 자비로운 마음으로 의술이나 약과 음식 등을 베풀거나 잠자리를 마련해 주어 그들을 편안하고 즐겁게 해 주어야 한다. 그리하면 이와 같은 복덕과 이익은 너무 불가사의하니, 백겁을 언제나 정거천淨居天[25]의 주인이 될 것이며 이백겁을 항상 육욕천六欲天의 주인이 될 것이다. 그러다 마침내 성불하고 영영 악도에 떨어지지 않아 백천생이 지나도록 삼악도에서 울부

---

25. 맑고 깨끗한 복만을 받아 행복하게 지낼 수 있는 하늘을 말한다.

짖는 고통의 소리를 듣지 않게 될 것이다.

지장보살이여, 다가오는 세상에서 국왕이나 바라문 그 누구라도 이와 같은 보시를 하면 헤아릴 수 없이 많은 복덕을 얻게 될 것이고, 다시 이 복덕을 회향하면 그 복덕이 많고 적음에 관계없이 마침내 모두 부처님이 될 것인데, 하물며 제석천·범천왕·전륜성왕의 과보야 더 말할 필요가 있겠느냐? 그러므로 지장보살이여, 모든 중생들에게 이와 같은 보시를 많이 할 것을 권장해야 할 것이로다.

지장보살이여, 다가오는 세상에서 선남자 선여인이 부처님 법 가운데서 머리카락이나 모래알 또는 티끌만큼의 조그마한 선근이라도 심어놓으면 그 과보로 받는 복덕과 이익은 무엇으로도 비유할 수 없을 것이다.

지장보살이여, 다가오는 세상에서 선남자 선여인이 부처님이나 보살 벽지불의 성상과 전륜성왕의 형상을 만나 보시하고 공양하면 헤아릴 수 없이 많은 복덕을 얻게 될 것이다. 언제나 귀한 인간이나 하늘에 태어나 수승하고 오묘한 즐거움을 누리게 될 것이다. 만약 이 복덕을 법계에 회향하면 이 사람이 받는 복덕과 이익은 무엇으로도 비유할 수 없을 것이다.

지장보살이여, 다가오는 세상에서 선남자 선여인이 대승경전을 만나 부처님의 가르침을 한 게송 한 구절이라도 듣게 될 때, 소중한 마음을 내어 찬탄 공경 보시 공양하면 이 사람은 헤아릴 수 없이 많고 끝없는 큰 복덕을 얻게 될 것이다. 만약 이 복덕을 법계에 회향하면 그 복덕은 무엇으로도 비유할 수 없다.

지장보살이여, 다가오는 세상에서 선남자 선여인이 절이나 탑 대승경전을 만나게 될 때, 새로 조성된 것에는 보시 공양 예배 찬탄하고 두 손 모아 합장 공경해야 하고, 만약 조성한 지 오래되어 손상되었거나 퇴락한 것을 보게 될 때는 이것들을 보수해야 할 것이다. 혼자서 마음을 내거나 혹 다른 사람에게 권유하여 함께 마음을 낸다면 이들은 삼십생을 늘 작은 나라의 왕이 되고, 부처님의 제자 단월檀越[26]로서 보시를 한 사람들은 언제나 전륜성왕이 되어 부처님의 좋은 법으로 작은 나라의 모든 국왕들을 교화할 것이다.

지장보살이여, 다가오는 세상에서 선남자 선여인은 부처님 법 가운데 선근을 심어 보시 공양해야 할 것이다. 절이나 탑을 보수하며 경전을 잘 만들어야 할 것이다. 터럭 한 올, 먼지 하나, 모래 한 알, 물 한 방울만큼이라도 해놓은 착한 일을 오직 법계에 회향할 수 있어야 할 것이다. 그러면 이 사람은 그 공덕으로 백천생을 수승하고 오묘한 즐거움을 누리게 될 것이다. 만일 이 공덕을 집안 권속이나 자신의 이익을 위하여 회향한다고 해도 이 과보로 3생의 즐거움을 누리고 하나를 희사함에 온갖 좋은 과보를 얻게 될 것이다. 그러므로 지장보살이여, 마땅히 알지니 보시하는 인연 공덕은 이와 같은 것이니라.

---

26. 단월은 재물을 보시하여 그 인연으로 복을 맞이하고 죄를 참회하려는 사람을 말한다. 보통 단월을 시주라고 한다.

11장. 법을 지켜주는 지신地神들

이때 온 대지에 굳건하게 뿌리를 내리고 사는 견뢰지신 堅牢地神이 부처님께 아뢰었다.

세존이시여, 예로부터 저는 헤아릴 수 없이 많은 큰보살님들을 우러러 존경하며 최고의 예를 올려 왔습니다. 이 보살님들은 모두 불가사의한 신통력과 지혜로 모든 중생을 제도하셨습니다. 그러나 지장보살마하살은 이 모든 보살들보다 서원이 더 넓고 크고 깊습니다.

세존이시여, 이 지장보살님은 염부제와 큰 인연이 있습니다. 문수·보현·관음·미륵보살 같은 분들 또한 백천의 형상으로 나타나 육도에서 중생을 제도하였습니다. 그러나 그 원은 이루어져 끝날 때가 있습니다. 그런데 지장보살님은 육도의 모든 중생을 교화하려는 서원을 세운 세월이 마치 천백억 갠지스 강 모래알 수만큼의 겁이나 되고 있습니다.

세존이시여, 제가 살펴보니 지금뿐만 아니라 다가오는 세상의 모든 중생들은 사는 곳에서 남쪽 햇빛이 잘 드는 깨끗한 땅에 좋은 감실龕室[27]을 만들어 놓고, 그 안에 지장보살의 형상을 그리거나 흙 또는 금·은·구리·쇠로 지장보살의 성상을 조성해 모셔 놓아야 합니다. 거기에 향을 사르고 공양 예배 찬탄한다면 그 사람의 집안에는 열 가지 좋은 이익이 있게 될 것이기 때문입니다.

그 열 가지란 무엇이겠습니까?
첫째는 토지가 기름져 수확이 풍성해 지는 것입니다.
둘째는 집안이 오래도록 편안해지는 것입니다.
셋째는 돌아가신 조상들이나 부모 형제자매들이 하늘

---

27. 지장보살님의 성상이 훼손 안 되도록 나무와 돌이나 쇠와 같은 튼튼한 재료로 보기 좋고 아름답게 작은 궁전을 만들어서 안전한 장소에 잘 모셔놓아야 한다.

나라에 태어나는 것입니다.

넷째는 살아 있는 가족들의 수명이 늘어나는 것입니다.

다섯째는 구하는 것이 뜻대로 이루어지는 것입니다.

여섯째는 물이나 불로 받게 될 재앙이 없게 되는 것입니다.

일곱째는 헛되이 재물이나 마음이 쓰이지 않도록 막아주는 것입니다.

여덟째는 나쁜 꿈을 꾸는 일이 없어지는 것입니다.

아홉째는 바깥 출입을 할 때 하늘의 신장들이 보호해주는 것입니다.

열째는 성스러운 인연을 많이 만나게 되는 것입니다.

세존이시여, 지금뿐만 아니라 다가오는 세상에서 중생들이 그들이 살고 있는 곳에 감실을 짓고 공양을 올릴 수만 있다면 이와 같은 이익을 얻게 될 것입니다.

견뢰지신이 거듭 부처님께 아뢰었다.

"세존이시여, 다가오는 세상에서 선남자 선여인은 그

들이 살고 있는 곳에 이 경전과 지장보살의 성상이 있다면 경전을 읽고 지장보살에게 공양을 올려야 합니다. 그러면 저는 본디 갖고 있는 신통력으로 언제나 밤낮으로 이 사람을 지키고 보호하겠습니다. 나아가 물이나 불로 받게 될 재앙이나 도둑맞는 일과 같은 크고 작은 나쁜 모든 일들을 다 없애버리도록 하겠습니다."

부처님께서 견뢰지신에게 말씀하셨다.

견뢰지신이여, 그대의 신통력에 다른 신들은 미칠 수가 없도다. 왜냐하면 염부제의 토지가 모두 그대의 보호를 받고 있기 때문이다. 나아가 풀·나무·모래·돌·벼·삼·대나무·갈대·곡식·쌀과 보물 땅에서 나는 모든 것들에도 그대의 힘이 미치지 않는 것이 없기 때문이다. 또 지장보살의 공덕을 찬탄하여 드러내는 그대의 공덕과 신통력은 다른 지신들이 갖고 있는 것보다 백천 배나 더 되기 때문이다.

다가오는 세상에서 선남자 선여인은 지장보살에게 공양을 올리고 이 경전을 읽어야 한다. 오직 지장본원경에 의지하여 한 가지 일로만 수행하여야 한다. 그때 그대는 본디 갖고 있는 신통력으로 이 사람을 감싸고 보호하여 이 사람에게 모든 재해와 뜻대로 되지 않는 일들이 없도록 하여야 한다. 그런데 하물며 재앙을 받도록 해서야 되겠느냐?

또한 그대 혼자만이 그 사람들을 감싸고 보호할 일이 아니니, 제석천과 범천왕의 권속들과 모든 하늘의 권속들도 그를 감싸고 보호해야 할 것이다. 무엇 때문에 이와 같은 성현들이 그 사람들을 감싸고 보호해야 하는 것인가? 그들이 모두 지장보살의 성상을 우러러 예배하고 지장본원경을 계속 독송하고 있기에 끝내는 저절로 고통의 바다를 벗어나 열반의 즐거움을 누릴 것이기 때문이다. 그러므로 모든 신장들이 그들을 감싸고 보호해야 하는 것이다.

12장. 이익 되는 일을 보고 듣다

이때 부처님께서 정수리에서 백천만억 광명을 놓으시었다. 이른바 정수리에서 뻗어가는 하얀 빛을 띠고 있는 광명인 백호상광白毫相光·대백호상광大白毫相光 상서로운 빛을 띠고 있는 광명인 서호상광瑞毫相光·대서호상광大瑞毫相光 옥빛을 띠고 있는 광명인 옥호상광玉毫相光·대옥호상광大玉毫相光 자색을 띠고 있는 광명인 자호상광紫毫相光·대자호상광大紫毫相光 푸른색을 띠고 있는 광명인 청호상광靑毫相光·대청호상광大靑毫相光 푸른 옥돌 빛을 띠고 있는 광명인 벽호상광碧毫相光·대벽호상광大碧毫相光 붉은 빛을 띠고 있는 광명인 홍호상광紅毫相光·대홍호상광大紅毫相光 녹색 빛을 띠고 있는 광명인 녹호상광綠毫相光·대녹호상광大綠毫相光 금빛을 띠고 있는 광명인 금호상광金毫相光·

대금호상광大金毫相光 경사로운 기운이 모여 있는 광명인 경운호상광慶雲毫相光·대경운호상광大慶雲毫相光 천 개의 바퀴가 이어지는 듯한 광명인 천륜호광千輪毫光·대천륜호광大千輪毫光 보배로운 바퀴가 굴러가는 듯한 광명인 보륜호광寶輪毫光·대보륜호광大寶輪毫光 태양처럼 빛나는 광명인 일륜호광日輪毫光·대일륜호광大日輪毫光 달빛처럼 빛나는 광명인 월륜호광月輪毫光·대월륜호광大月輪毫光 호사스런 궁전처럼 보이는 광명인 궁전호광宮殿毫光·대궁전호광大宮殿毫光 바다 위의 구름처럼 보이는 광명인 해운호광海雲毫光·대해운호광大海雲毫光 등이었다.

정수리 문에서 이와 같이 헤아릴 수 없이 많은 빛줄기를 내놓으시고 미묘한 음성으로 모든 대중을 향하여 천룡팔부와 사람과 사람 아닌 무리들에게 일러 말씀하셨다.

"내가 이제 이 도리천궁에서 칭송하고 찬탄하리니, 지장보살이 이 세상과 하늘에 이익 되는 일, 불가사의한 일, 성스러운 인연을 초월하는 일, 십지十地를 깨달아 얻는 일에서 끝내는 '높고도 바른 깨달음'에서 물러나지 않는 일들을 들어 보아라."

부처님께서 이 말씀을 하실 때 법회 가운데 있던 관세음보살이 자리에서 일어나 한 쪽 무릎을 땅에 꿇고 두 손 모아 합장하며 부처님께 아뢰었다.

세존이시여, 지장보살은 죄를 짓고 극심한 고통을 받는 중생들을 안타깝게 여겨 크나큰 자비를 베풀었습니다. 천만억 세계에서 천만억 몸을 나투는 모든 공덕과 불가사의한 위엄과 신통력을 드러내었습니다. 이 일에 대하여 세존을 비롯하여 시방세계 헤아릴 수 없이 많은 부처님께서 이구동성으로 지장보살을 찬탄하며 '과거·현재·미래의 모든 부처님께서 지장보살의 공덕을 이야기한다 해도 다 이야기할 수 없다'라고 말씀하시는 것을 제가 들었습니다.

또 앞서는 세존께서 대중들을 향하여 지장보살이 중생을 이롭게 하는 일을 칭찬하여 드러내는 것을 뵌 적이 있었습니다. 바라옵건대 세존께서는 현재뿐만 아니라 다가오는 세상의 모든 중생들을 위하여 지장보살의 불가사의한 일을 확실하게 드러내어 천룡팔부들이 우러러 예배하여 복덕을 짓도록 하시옵소서.

부처님께서 관세음보살에게 말씀하셨다.

그대는 사바세계와 큰 인연이 있다. 그러므로 천룡팔부와 육도에서 죄를 짓고 극심한 고통을 받는 중생들이 그대의 이름을 듣고 형상을 보며 그대를 그리워하거나 찬탄한다면, 이 모든 중생들은 반드시 무상도無上道에서 물러나지 않게 될 것이다. 이 인연으로 이 사람들은 언제나 귀하고 부유해지거나 복이 넘치는 하늘에 태어나 오묘한 즐거움을 고루고루 누리게 될 것이다. 그러다 인과가 무르익어 시절 인연이 도래하면 부처님의 수기를 받게 될 것이다. 그대는 지금 크나큰 자비심으로 육도 중생과 천룡팔부를 안타깝게 여기고 있다. 그러기에 내가 지장보살의 불가사의한 공덕에 대하여 이야기하는 것을 그대는 들으려고 한다. 그대는 자세히 들어라. 내 이제 그대를 위하여 이 내용을 설명하리라.

관세음보살이 사뢰었다.

"그렇습니다, 세존이시여. 기쁜 마음으로 듣고자 하옵니다."

부처님께서 관세음보살에게 일러 주셨다.

"지금뿐만 아니라 다가오는 세상의 모든 하늘나라 사람들도 복덕이 다하면 다섯 가지 쇠퇴하는 모습이 나타나서 악도에 떨어질 날이 있다. 그런 현상이 이들에게 나타날 때 이들은 지장보살의 성상을 보고 이름을 들으며 우러러 예배를 해야 한다. 한 번만 이렇게 예배를 하여도 하늘의 복덕이 늘고 큰 즐거움을 받아 영영 삼악도에 떨어지는 과보를 받지 않게 될 것이다. 그런데 하물며 보살을 보거나 이름을 듣고 온갖 향·꽃·의복·음식·보배·영락[28]으로 보시 공양한다면 그 공덕

---

28. 아름다운 옥구슬로 꿰어 만든 장신구이니 목이나 팔 따위에 두르는 패물이다.

이 어떠하겠느냐? 그 얻는 복덕과 이익은 헤아릴 수 없이 많고 끝없을 것이다."

관세음보살이여, 지금뿐만 아니라 다가오는 모든 세상에서 육도 중생들의 목숨이 다하여 생명이 끊어질 때 지장보살의 이름이 귀에 한 번만이라도 스치는 중생들이 있다면 이들은 영영 삼악도의 고통을 겪지 않게 될 것이다. 그런데 하물며 임종 때 부모와 형제자매들이 임종할 사람의 집·재물·보배·의복으로 지장보살의 형상을 성화로 그리거나 성상을 만들어 조성했을 때는 무엇을 더 말할 필요가 있겠느냐? 혹은 운명하기 전에 병자가 눈으로 보고 귀로 듣게 하는 가운데 부모와 형제자매들이 병자를 위하여 지장보살의 성화를 그리거나 성상을 조성했다는 것을 알게 해야 하니, 그러면 죄업으로 말미암아 중병을 앓는 병자일지라도 이 공덕으로 차차 병이 낫고 수명이 길어질 것이다.

만약 죽은 뒤에 그 업보로 말미암아 삼악도에 떨어질 사람이라 할지라도 그는 그 공덕으로 임종한 뒤 명문대가 집안이나 하늘 세상에 태어나 수승하고 오묘한 즐거움을 누리게 되며 모든 죄와 번뇌는 다 없어질 것이다.

관세음보살이여, 다가오는 세상에서 젖먹이 때나 아주 어릴 때 부모와 형제자매를 잃는 사람들이 있게 될 것이다. 이들은 나이 들어 부모와 형제자매들을 생각하더라도 그들 권속이 어떤 세상에 태어났는지를 알지 못할 것이다. 그때 이 사람들은 지장보살의 성화를 그리거나 성상을 만들어 조성해야 한다. 혹은 지장보살의 이름을 듣고 한 번 우러러 예배 공양하고 하루 내지 이레 동안 그 마음을 잃지 말아야 한다. 그러면 그 공덕으로 그 사람의 권속들이 나쁜 업으로 말미암아 악도에 떨어져 오랜 세월 있었다 하더라도 차차 그 고통에서 벗어나게 될 것이다. 인간이나 천상계에 태어나 수승하고 오묘한 즐거움을 누리게 될 것이다.

부모와 형제자매들이 그들의 복력으로 인간이나 천상계에 태어나 수승하고 오묘한 즐거움을 받고 있더라도,

그 공덕에 힘입어 성스러운 인연이 더욱 늘고 헤아릴 수 없이 많은 즐거움을 누리게 될 것이다. 이 사람은 다시 거듭 삼칠일 동안 지극한 마음으로 지장보살의 성상을 우러러 예배하며 그 명호를 매일 만 번씩 염불하여야 한다. 그러면 보살이 그 몸의 끝을 알 수 없는 무변신無邊身을 나타내어 그 사람의 권속이 태어난 세계를 빠짐없이 일러 줄 것이다. 혹은 꿈에서 지장보살이 신통력으로 몸소 이 사람으로 하여금 모든 세계에 있는 부모와 형제자매들을 만나게도 해 줄 것이다.

또 보살의 명호를 매일 천 번씩 염불하여 천일 동안 해나가야 한다. 그러면 지장보살은 토지신을 시켜서 목숨이 다하여 생명이 끊어질 때까지 이 사람을 지키고 보호해 주도록 할 것이다. 현세에는 의식이 풍족하고 여러 병고는 없애주며 아울러 갑자기 닥치는 불행도 그 집 문 안에 들지 못하게 할 것이다. 그런데 하물며 그 자신의 몸이야 더 말할 필요가 있겠느냐? 그 사람은 반드시 지장보살의 마정摩頂 수기를 받게 될 것이다.

관세음보살이여, 만약 다가오는 세상에서 크나큰 자비심을 내어 모든 중생들을 제도하려는 사람, 무상보리無上菩提를 닦으려는 사람, 삼계의 고통을 벗어나려는 사람들은 지장보살의 성상을 보거나 이름을 듣고 지극한 마음으로 귀의하여야 한다. 향과 꽃과 의복 그리고 보배, 음식으로 지장보살께 공양하고 우러러 예배하여야 한다. 그러면 이 사람들은 소원을 빨리 성취하여 영영 아무런 장애도 없을 것이다.

관세음보살이여, 만약 다가오는 세상 사람들이 지금뿐만 아니라 다가오는 세상의 백천만억 소원과 하는 일들이 잘 이루어지기를 바란다면, 지장보살의 성상에 귀의하고 우러러 예배 공양 찬탄하여야만 한다. 그러면 원하고 구하는 바를 모두 다 성취할 것이다. 또 지장보살이 크나큰 자비심으로 영원히 감싸고 보호해 주기를 간절히 바란다면 이 사람은 꿈속에서 지장보살의 마정수기를 받을 것이다.

관세음보살이여, 다가오는 세상에서 대승경전을 소중

하고 불가사의하게 생각하여 열심히 읽고 외우면서 선지식의 가르침을 받고 노력하더라도, 배우면 배울수록 자꾸 잊어버리고 세월이 흘러도 조금도 외우지 못하는 사람들이 있을 것이다. 그 까닭은 전생의 업장을 아직 다 없애지 못하였으므로 대승경전을 읽고 외울 수 있는 자질이 없기 때문이다. 이런 사람들은 지장보살의 이름을 듣거나 지장보살의 성상을 뵙고서는 공경하는 진실한 마음으로 자신의 처지를 아뢰어야 한다. 아울러 향과 꽃과 의복 그리고 음식, 귀중한 물품들을 지장보살님께 공양하여야 한다. 깨끗한 물 한 잔을 하루낮 하룻밤 동안 보살님 앞에 바쳤다가 두 손 모아 합장하고 정성껏 그 물을 마셔야 한다. 고개를 남쪽으로 향하여 입에 대면서 지극한 정성으로 마셔야 한다. 그 물을 마시고 나서는 7일 또는 21일 동안 오신채와 술이나 고기를 멀리하고 삿된 음행, 망어, 살생을 삼가 해야만 한다. 그러면 꿈속에서 이 사람들은 지장보살이 무변신을 드러내어 그들에게 마정수기 주는 것을 보게 될 것이다. 그 사람이 꿈을 깨면 곧 총명해져서 경전의 내용이 귀에 한 번 스치기만

하여도 영원히 기억하여 다시는 한 구절 한 게송도 잊지 않게 될 것이다.

관세음보살이여, 다가오는 세상에서 먹고 입을 것이 부족한 사람, 일이 풀리지 않는 사람, 질병이 많은 사람, 집안에 흉한 일이 많고 불안하여 부모와 형제자매들이 흩어지는 사람, 생각지도 않은 일들이 많이 일어나 괴로운 사람, 잠 잘 때 꿈속에서 놀라거나 두려워하기도 하는 많은 사람들이 있게 될 것이다. 이런 사람들은 지장보살의 명호를 듣고 성상을 보며 지극한 마음으로 지장보살을 만 번씩 염불하여야 한다. 그러면 뜻대로 되지 않았던 모든 일들이 시나브로 소멸하여 안락해지고 의식은 풍족해지며 잠자리에서는 언제나 편안하고 즐거울 것이다.

관세음보살이여, 다가오는 세상에서 공사公私 불문하고 급한 일이나 생사가 달린 일로 산중이나 바다 또는 험한 길을 지나야 할 사람들이 있게 될 것이다. 이때에는 먼저 지장보살의 명호를 만 번 염불해야 한다. 그리하면 지나 갈 곳의 토지신들은 오가며 앉고 눕는 모든 삶을 지키고 보호해 주며 언제나 즐겁고 편안한 여행을 할 수 있게 해 줄 것이니, 아울러 호랑이나 늑대와 사자 같은 무서운 짐승을 만나더라도 그들이 어떤 해악도 끼치지 못할 것이다.

다시 부처님께서 관세음보살에게 말씀하셨다.

"지장보살은 염부제와 커다란 인연이 있으니, 모든 중생들이 지장보살의 성상을 보거나 명호를 들어서 이익을 얻게 되는 일들을 말하자면 백천겁을 설하여도 다 이야기하지 못할 것이다. 그러니 관세음보살이여, 그대는 그대의 신통력으로 이 경을 널리 유포하여 사바세계 중생들이 백천만겁 언제나 편안하고 즐거운 삶을 누릴 수 있게 해 주어야 한다."

이때 세존께서 다시 게송으로 말씀하셨다.

    지장보살 위신력을 내가 살피니

항하사겁 설명해도 다할 수 없어
한순간을 보고 듣고 예배하여도
하늘 인간 얻는 이익 끝이 없어라.
남자 여자 하늘 용들 모든 귀신이
그 인과로 삼악도에 들어갈진대
지장보살 지장보살 찾아 부르면
명이 늘고 모든 죄업 없어지리라.

어릴 적에 은혜로운 부모 잃고서
어느 세상 가 계신 줄 알지 못하고
형제자매 모든 친척 모두 흩어져
나이 들어 그들 소식 알지 못하면
지장보살 그리거나 성상 만들어
잠시라도 쉬지 않고 예배 올리며
이십일일 그 명호를 염불 하여라
그리해야 지장보살 몸을 나투어
형제자매 있는 곳을 일러 주시고
삼악도의 큰 고통도 벗겨 주리니
이 마음을 잃지 않고 지켜나가면

지장보살 마정수기 받으오리다.
높고 높은 깨달음을 닦아가면서
삼계 고통 멀리 멀리 벗어나려는
이 사람은 큰 자비심 가진 분으로
지장보살 먼저 찾아 예배를 하면
모든 소원 하루속히 성취가 되고
영원토록 모든 업장 끊으오리다.

어떤 사람 발심하여 경전을 읽고
모든 중생 제도하려 마음을 먹어
불가사의한 원력을 세웠더라도
읽은 경전 모든 내용 잊어버림은
이 사람의 전생 업장 두텁기 때문
거룩하온 대승경전 기억 못할 때
좋은 향과 꽃과 의복 음식을 차려
옥과 구슬 귀중 물품 공양 올리며
지장보살 앞에다가 감로수 바쳐
한낮 한밤 지낸 뒤에 받아 마시고
지극정성 바치면서 오신채 등과

술과 고기 사음 망어 모든 것 끊고
삼칠일에 다른 생명 죽이지 않고
지장보살 지장보살 염불을 하면
꿈속에서 지장보살 친견을 하고
깨어나면 듣는 귀가 밝아지면서
경의 말씀 밝은 귀에 스쳐만 가도
천만생을 태어나도 잊지 않으리
이와 같은 지장보살 불가사의로
이 사람은 참 지혜를 얻으오리다.
가난하고 병이 많은 불쌍한 중생
재앙으로 권속들이 서로 헤어져
잠을 자는 꿈속에도 언제나 불안
하는 일이 어긋나서 성취 못할 때
지극정성 보살님께 예배 올리면
나쁜 일이 남김없이 모두 사라져
꿈속에도 편안하며 의식주 풍부
불법 수호 신장들이 지켜 주리라.
깊은 숲속 거친 바다 건너갈 적에
독을 뿜는 짐승이나 나쁜 사람들

나쁜 귀신 악귀들과 모진 바람들
모든 재난 온갖 고뇌 생길지라도
지장보살 성상 앞에 공양 올리고
지극정성 마음 바쳐 예배 올리면
험한 숲속 모진 바다 나쁜 일들과
모든 고난 남김없이 소멸되리라.
관세음보살이여 내 말 들어라
끝이 없는 지장보살 불가사의는
백천만겁 말을 해도 다 못하리니
온 누리에 이런 힘을 널리 알려라.
지장보살 그 명호를 들은 사람과
지장 성상 바라보고 절을 하는 이
향과 꽃과 의복 음식 공양하는 이
백천생에 즐거움을 한껏 누리리.
이 공덕을 온 법계에 회향한다면
마침내는 성불하여 해탈을 하네
그러므로 관음이여 마땅히 알고
온 누리에 지장보살 공덕 알려라.

13. 중생제도를 부탁받는 지장보살

이때 세존께서 황금빛 팔을 들어 지장보살마하살의 머리에 대고 말씀하셨다.

지장보살이여, 그대의 신통력과 자비심, 지혜와 변재는 불가사의하다. 이 일에 대하여 시방세계 모든 부처님들이 천만겁을 찬탄하여도 다 찬탄할 수 없을 것이다.

지장보살이여, 내가 오늘 도리천궁에 있는 백천만억 헤아릴 수 없이 많은 모든 부처님과 천룡팔부 대중들이 모인 이 큰 법회에서 다시 한 번 이 일 곧 삼계화택[29]에서 벗어나지 못한 하늘과 인간의 모든 중생들을 구제하도록 그대에게 당부한다는 사실을 반드시 기억하여야

---

29. 삼계는 욕계·색계·무색계로서 중생계를 셋으로 나눈 것이다. 번뇌로 불타는 집과 같다고 하여 중생계를 삼계화택이라고 한다.

한다. 그리하여 모든 중생들이 하루낮 하룻밤조차 삼악도에 떨어지지 않게 해야 할 것이다. 그런데 하물며 다시 오무간지옥과 아비지옥으로 떨어져 천만억겁 빠져나올 기약이 없게 해서야 되겠느냐?

지장보살이여, 이 남염부제 중생들은 품은 성품이 정해진 것이 없다. 나쁜 버릇에 물든 사람들이 많고 좋은 마음을 냈다가는 곧 물러서며 나쁜 인연을 만나면 점점 더 나쁜 버릇만 늘어나게 된다. 이 때문에 여래는 백천억 몸을 나투어 그들이 갖고 있는 성품에 따라 그들을 제도하고 해탈시키는 것이다.

지장보살이여, 내 이제 다시 한 번 진중하게 당부하노니, 그대는 하늘과 사바세계 중생들을 잘 보살펴 주어야 하느니라. 다가오는 세상에서 중생들은 부처님 법 가운데에서 터럭 한 올, 티끌 하나, 모래 한 알, 물 한 방울만큼이라도 좋아하는 마음을 내어야 한다. 그리해야 그대가 도력으로 이 사람을 감싸고 보호하여 시나브로 무상도를 닦으면서 거기서 물러나는 일이 없도록 해줄 수 있는 것이다.

지장보살이여, 다가오는 세상에서 하늘이나 사바세계 중생들이 그들의 업보로 삼악도에 떨어져 지옥 문 앞에 다다르게 될 것이다. 그때에 부처님의 명호나 보살의 명호를 염불한다거나 대승경전에 있는 한 구절 한 게송이라도 염불할 수 있는 중생들이 있을 것이다. 그러면 그대는 신통력으로 방편을 써서 이들을 구제하여야 한다. 이 사람들이 있는 곳에서 그 몸의 끝을 알 수 없는 무변신을 드러내어 지옥을 부수고 하늘로 보내어 수승하고 오묘한 즐거움을 누리게 해주어야 한다."

이때 세존께서 게송으로 말씀하셨다.

현재 미래 하늘 인간 모든 중생들
내가 이제 그대에게 당부하노니
신통력과 방편으로 제도하여서
삼악도에 떨어지지 않게 하여라.

이때 지장보살이 한 쪽 무릎을 땅에 꿇고 두 손 모아 합장하며 부처님께 아뢰었다.

"세존이시여, 바라옵건대 세존이시여, 걱정하지 마시옵소서. 다가오는 세상에서 부처님 법 가운데에 한마음으로 공경하는 마음을 일으키는 사람이 있다면 저 또한 온갖 방편으로 그 사람을 제도하여 생사에서 하루빨리 벗어나게 해줄 것입니다. 그런데 하물며 온갖 좋은 일들을 듣고 끊임없이 수행하는 사람이야 더 말할 필요가 있겠습니까? 그들은 자연스럽게 무상도에서 영원히 물러나지 않을 사람들입니다."

이 말을 할 때 법회에 있던 허공장보살이 부처님께 아뢰었다.

"세존이시여, 지장보살의 위엄과 신통력이 불가사의하다고 여래께서 찬탄하는 말씀을 도리천궁에서 제가 들었습니다. 만약 다가오는 세상에서 선남자 선여인과 모든 천룡들이 이 경전과 지장보살의 명호를 듣고 그 성상을 우러러 예배한다면 어떤 종류의 복덕과 이익이 있겠습니까? 바라옵건대 세존께서는 지금뿐만 아니라 다가오는 세상의 모든 중생들을 위하여 간략히 말씀하여 주시옵소서."

부처님께서 허공장보살에게 말씀하셨다.

잘 듣도록 하여라. 내 그대를 위하여 자세히 설명할 것이다. 만약 다가오는 세상에서 지장보살의 성상을 보고 이 경전을 듣고 독송하며 향과 꽃과 음식이나 의복, 진기한 보배로 보시공양하고 찬탄하며 우러러 예배를 올리는 사람이 있다면 이들은 28가지 이익을 얻게 될 것이다.

첫 번째는 하늘의 신이나 신통력 있는 용들이 보호해 줄 것이다.
두 번째는 좋은 일들이 날로 늘어날 것이다.
세 번째는 성불할 수 있는 거룩한 인연들이 쌓일 것이다.

네 번째는 깨달음의 길에서 물러나지 않을 것이다.
다섯 번째는 의복과 음식이 풍족해질 것이다.
여섯 번째는 질병이나 돌림병이 찾아오지 않을 것이다.
일곱 번째는 불이나 물의 재앙을 벗어날 것이다.
여덟 번째는 도둑질을 당하는 액운이 없어질 것이다.
아홉 번째는 사람들이 보면 흠모하고 존경할 것이다.
열 번째는 불법을 수호하는 신장들이 돕고 지켜 줄 것이다.
열한 번째는 뒷날 여인의 몸을 바꾸어 남자 몸을 받을 것이다.
열두 번째는 왕이나 대신의 딸이 될 것이다.
열세 번째는 얼굴이나 몸 생김새가 단정할 것이다.
열네 번째는 복덕을 누리는 하늘에 많이 태어날 것이다.
열다섯 번째는 천하를 호령하는 제왕이 될 것이다.
열여섯 번째는 전생의 일을 알 수 있는 숙명통에 통달할 것이다.
열일곱 번째는 구하는 것은 모두 따라올 것이다.
열여덟 번째는 부모와 형제자매들이 모두 기뻐하고 즐거워 할 것이다.

열아홉 번째는 온갖 횡액들이 사라질 것이다.
스무 번째는 삼악도로 가는 길이 영영 없어질 것이다.
스물한 번째는 가는 곳마다 막히는 일이 없이 다 통할 것이다.
스물두 번째는 잠을 잘 때 꿈이 편안하고 즐거울 것이다.
스물세 번째는 앞서 가신 조상들이 모든 고통에서 벗어날 것이다.
스물네 번째는 전생의 복을 받아가지고 태어날 것이다.
스물다섯 번째는 모든 성인들이 찬탄할 것이다.
스물여섯 번째는 모든 일에 지혜로워 총명할 것이다.
스물일곱 번째는 중생들을 자비롭게 생각하는 마음이 넉넉할 것이다.
스물여덟 번째는 마침내 이 공덕으로 성불할 것이다.

허공장보살이여, 만약 지금뿐만 아니라 다가오는 세상에서도 하늘의 신들과 용이나 신장들이 지장보살의 명호를 듣고 성상에 예배하거나, 지장보살이 가진 본디 원력을 듣고 수행하며 지장보살을 찬탄하고 우러러 예배한다면 이들은 일곱 가지 이익을 얻게 될 것이다.
첫째는 성스런 경지에 빠르게 뛰어 올라갈 것이다.
둘째는 나쁜 업들이 소멸될 것이다.
셋째는 모든 부처님께서 지키고 보호해 줄 것이다.
넷째는 깨달음의 길에서 물러나지 않을 것이다.
다섯째는 본디 갖고 있던 원력이 날로 늘어날 것이다.
여섯째는 전생의 일을 환하게 통달할 것이다.
일곱째는 마침내 이 공덕으로 성불할 것이다.

이때 시방세계에서 오신 헤아릴 수 없이 많은 부처님과 큰보살님 천룡팔부들이 석가모니 부처님께서 지장보살이 가진 불가사의한 위엄과 신통력을 찬탄하는 말씀을 듣고 일찍이 없었던 일이라고 감탄하였다. 이때 도리천궁에 헤아릴 수 없이 많은 아름다운 꽃과 향기로운 향과 선녀의 옷에나 달릴 보배구슬들이 비 쏟아지듯 내려 석가모니 부처님과 지장보살께 공양을 올렸다. 그러자 온 법회의 대중들이 다 함께 우러러 부처님께 예배하고 두 손 모아 합장하며 물러났다.

제2부
지장경 원문 독송

지장경계청
地藏經啓請

[약유인 수지지장경자 선수지심염 정구업진언연
若有人 受持地藏經者 先須至心念 淨口業眞言然

후계청 팔금강사보살명호 소재지처 상당옹호]
後啓請 八金剛四菩薩名號 所在之處 常當擁護

정구업진언
淨口業眞言

수리수리 마하수리 수수리 사바하

수리수리 마하수리 수수리 사바하

수리수리 마하수리 수수리 사바하

봉청 청제재금강
奉請 靑除災金剛

봉청 흑벽독금강
奉請 黑辟毒金剛

봉청 황수구금강
奉請 黃隨求金剛

봉청 백정수금강
奉請 白淨水金剛

봉청 적성화금강
奉請 赤聲火金剛

봉청 정제재금강
奉請 定除災金剛

봉청 자현신금강
奉請 紫賢神金剛

봉청 대신력금강
奉請 大神力金剛

봉청 금강권보살
奉請 金剛拳菩薩

봉청 금강색보살
奉請 金剛索菩薩

봉청 금강애보살
奉請 金剛愛菩薩

봉청 금강어보살
奉請 金剛語菩薩

계수삼계존 귀명지장왕
稽首三界尊 歸命地藏王

아금발홍원 지차지장경
我今發弘願 持此地藏經

상보사중은 하제삼도고
上報四重恩 下濟三塗苦

약유견문자 실발보리심
若有見聞者 悉發菩提心

개경게
開經偈

무상심심미묘법
無上甚深微妙法

백천만겁난조우
百千萬劫難遭遇

아금문견득수지
我今聞見得受持

원해여래진실의
願解如來眞實義

개법장진언
開法藏眞言

옴 아라남 아라다
옴 아라남 아라다
옴 아라남 아라다

1장. 도리천궁신통품 忉利天宮神通品

여시아문 일시 불 재도리천 위모설법 이시 시방
如是我聞 一時 佛 在忉利天 爲母說法 爾時十方

무량세계불가설불가설 일체제불급대보살마
無量世界不可說不可說 一切諸佛及大菩薩摩

하살 개래집회 찬탄 석가모니불 능어오탁악세
訶薩 皆來集會 讚歎 釋迦牟尼佛 能於五濁惡世

현불가사의대지혜신통지력 조복 강강중생 지
現不可思議大智慧神通之力 調伏 剛强衆生 知

고락법 각견시자 문신세존 시시 여래함소 방백
苦樂法 各遣侍者 問訊世尊 是時 如來含笑 放百

천만억대광명운 소위대원만광명운 대자비광
千萬億大光明雲 所謂大圓滿光明雲 大慈悲光

명운 대지혜광명운 대반야광명운 대삼매광명
明雲 大智慧光明雲 大般若光明雲 大三昧光明

운 대길상광명운 대복덕광명운 대공덕광명운
雲 大吉祥光明雲 大福德光明雲 大功德光明雲

대귀의광명운 대찬탄광명운
大歸依光明雲 大讚歎光明雲

방여시등 불가설광명운이 우출종종미묘지음
放如是等 不可說光明雲已 又出種種微妙之音

소위단바라밀음 시바라밀음 찬제바라밀음 비
所謂檀波羅蜜音 尸波羅蜜音 羼提波羅蜜音 毘

리야바라밀음 선바라밀음 반야바라밀음 자비
離耶波羅蜜音 禪波羅蜜音 般若波羅蜜音 慈悲

음 희사음 해탈음 무루음 지혜음 대지혜음 사자
音 喜捨音 解脫音 無漏音 智慧音 大智慧音 獅子

후음 대사자후음 운뢰음 대운뢰음
吼音 大獅子吼音 雲雷音 大雲雷音

출여시등불가설음이 사바세계 급타방 국토 유
出如是等不可說音已 娑婆世界 及他方 國土 有

무량억 천룡귀신 역집도도리천궁 소위 사천왕
無量億 天龍鬼神 亦集到忉利天宮 所謂 四天王

천 도리천 수염마천 도솔타천 화락천 타화자재
天 忉利天 須燄摩天 兜率陀天 化樂天 他化自在

천 범중천 범보천 대범천 소광천 무량광천 광
天 梵衆天 梵輔天 大梵天 少光天 無量光天 光

음천 소정천 무량정천 변정천 복생천 복애천 광
音天 少淨天 無量淨天 徧淨天 福生天 福愛天 廣

과천 무상천 무번천 무열천 선견천 선현천 색
果天 無想天 無煩天 無熱天 善見天 善現天 色

구경천 마혜수라천 내지비상 비비상처천 일체
究竟天 摩醯首羅天 乃至非想 非非想處天 一切

천중 용중 귀신등중 실래집회
天衆 龍衆 鬼神等衆 悉來集會

부유타방국토 급사바세계 해신 강신 하신 수신
復有他方國土 及娑婆世界 海神 江神 河神 樹神

산신 지신 천택신 묘가신 주신 야신 공신 천신
山神 地神 川澤神 苗稼神 晝神 夜神 空神 天神

음식신 초목신 여시등신 개래집회 부유타방국
飮食神 草木神 如是等神 皆來集會 復有他方國

1장. 도리천궁신통품 173

토 급사바세계제대귀왕 소위악목귀왕 담혈귀
土 及娑婆世界諸大鬼王 所謂惡目鬼王 啗血鬼

왕 담정기귀왕 담태란귀왕 행병귀왕 섭독귀왕
王 啗精氣鬼王 啗胎卵鬼王 行病鬼王 攝毒鬼王

자심귀왕 복리귀왕 대애경귀왕 여시등귀왕 개
慈心鬼王 福利鬼王 大愛敬鬼王 如是等鬼王 皆

래집회
來集會

이시 석가모니불 고문수사리법왕자보살마하
爾時 釋迦牟尼佛 告文殊師利法王子菩薩摩訶

살 여관 시일체제불보살 급천룡귀신 차세계타
薩 汝觀 是一切諸佛菩薩 及天龍鬼神 此世界他

세계 차국토타국토 여시금래집회도도리천자
世界 此國土他國土 如是今來集會到忉利天者

여지수부 문수사리백불언 세존 약이아신력 천
汝知數否 文殊師利白佛言 世尊 若以我神力 千

겁측도 부능득지 불고문수사리 오이불안관 유
劫測度 不能得知 佛告文殊師利 吾以佛眼觀 猶

불진수 차개시지장보살 구원겁래 이도 당도 미
不盡數 此皆是地藏菩薩 久遠劫來 已度 當度 未

도 이성취 당성취 미성취 문수사리백불언 세존
度 已成就 當成就 未成就 文殊師利白佛言 世尊

아이과거 구수선근 증무애지 문불소언 즉당신
我以過去 久修善根 證無礙智 聞佛所言 即當信

수 소과성문 천룡팔부 급미래세제중생등 수문
受 小果聲聞 天龍八部 及未來世諸衆生等 雖聞

여래성실지어 필회의혹 설사정수 미면흥방 유
如來誠實之語 必懷疑惑 設使頂受 未免興謗 唯

원세존 광설지장보살마하살 인지 작하행 입하
願世尊 廣說地藏菩薩摩訶薩 因地 作何行 立何

원 이능성취부사의사
願 而能成就不思議事

불고문수사리 비여삼천대천세계 소유초목총
佛告文殊師利 譬如三千大千世界 所有草木叢

림 도마죽위 산석미진 일물일수 작일항하 일항
林 稻麻竹葦 山石微塵 一物一數 作一恒河 一恒

하사일사 일계 일계지내 일진 일겁 일겁지내 소
河沙一沙 一界 一界之內 一塵 一劫 一劫之內 所

적진수 진충위겁 지장보살 증십지과위이래천
積塵數 盡充爲劫 地藏菩薩 證十地果位以來千

배다어상유 하황지장보살 재성문벽지불지 문
倍多於上喩 何況地藏菩薩 在聲聞辟支弗地 文

수사리 차보살 위신서원 불가사의 약미래세 유
殊利師 此菩薩 威神誓願 不可思議 若未來世 有

선남자선여인 문시보살명자 혹찬탄 혹첨례 혹
善男子善女人 聞是菩薩名字 或讚歎 或瞻禮 或

칭명 혹공양 내지채화각루소칠형상 시인 당득
稱名 或供養 乃至彩畵刻鏤塑漆形像 是人 當得

백반생 어삼십삼천 영불타악도 문수사리 시지
百返生 於三十三天 永不墮惡道 文殊師利 是地

장보살마하살 어과거구원불가설 불가설겁전
藏菩薩摩訶薩 於過去久遠不可說 不可說劫前

신위대장자자 시세유불 호왈 사자분신구족만
身爲大長者子 時世有佛 號曰 獅子奮迅具足萬

행여래 시 장자자 견불상호 천복장엄 인문피불
行如來 時 長者子 見佛相好 千福莊嚴 因問彼佛

작하행원 이득차상
作 何 行 願 而 得 此 相

시 사자분신구족만행여래고장자자 욕증차신
時 獅子奮迅具足萬行如來告長者子 欲證此身

당수구원 도탈일체수고중생 문수사리 시장자
當須久遠 度脫一切受苦衆生 文殊師利 時長者

자 인발원언 아금진미래제불가계겁 위시죄고
子 因發願言 我今盡未來際不可計劫 爲是罪苦

육도중생 광설방편 진령해탈 이아자신 방성불
六道衆生 廣設方便 盡令解脫 而我自身 方成佛

도 이시어피불전 입사대원 우금백천만억나유
道 以是於彼佛前 立斯大願 于今百千萬億那由

타 불가설겁 상위보살
他 不可說劫 尙爲菩薩

우어과거불가사의아승지겁 시세유불 호왈 각
又於過去不可思議阿僧祇劫 時世有佛 號曰 覺

화정자재왕여래 피불수명 사백만억아승지겁
華定自在王如來 彼佛壽命 四百萬億阿僧祇劫

상법지중 유일바라문녀 숙복 심후 중소흠경 행
像 法 之 中 有 一 婆 羅 門 女 宿 福 深 厚 衆 所 欽 敬 行

주좌와 제천위호 기모신사 상경삼보 시시 성녀
住 坐 臥 諸 天 衛 護 其 母 信 邪 常 輕 三 寶 是 時 聖 女

광설방편 권유기모 영생정견 이차녀모 미전생
廣 設 方 便 勸 誘 其 母 令 生 正 見 而 此 女 母 未 全 生

신 불구명종 혼신 타재무간지옥
信 不 久 命 終 魂 神 墮 在 無 間 地 獄

시 바라문녀 지모재세 불신인과 계당수업 필생
時 婆 羅 門 女 知 母 在 世 不 信 因 果 計 當 隨 業 必 生

악취 수매가택 광구향화 급제공구 어선불탑사
惡 趣 遂 賣 家 宅 廣 求 香 華 及 諸 供 具 於 先 佛 塔 寺

대흥공양 견각화정자재왕여래 기형상 재일사
大 興 供 養 見 覺 華 定 自 在 王 如 來 其 形 像 在 一 寺

중 소화위용 단엄필비 시 바라문녀 첨례존용 배
中 塑 畵 威 容 端 嚴 畢 備 時 婆 羅 門 女 瞻 禮 尊 容 倍

생경앙 사자염언 불명대각 구일체지 약재세시
生 敬 仰 私 自 念 言 佛 名 大 覺 具 一 切 智 若 在 世 時

아모사후 당래문불 필지처소 시 바라문녀 수읍
我母死後 儻來問佛 必知處所 時 婆羅門女 垂泣

양구 첨연여래 홀문공중전성왈 읍자성녀 물지
良久 瞻戀如來 忽聞空中傳聲曰 泣者聖女 勿至

비애 아금시여모지거처 바라문녀 합장향공 이
悲哀 我今示汝母之去處 婆羅門女 合掌向空 而

백천왈 시하신덕 관아우려 아자실모이래 주야
白天曰 是何神德 寬我憂慮 我自失母已來 晝夜

억연 무처가문지모생계
憶戀 無處可問知母生界

시 공중유성 재보녀왈 아시여소첨례자 과거 각
時 空中有聲 再報女曰 我是汝所瞻禮者 過去 覺

화정자재왕여래 견여억모 배어상정중생지분
華定自在王如來 見汝憶母 倍於常情衆生之分

고래고시 바라문녀 문차성이 거신자박 지절개
故來告示 婆羅門女 聞此聲已 擧身自撲 肢節皆

손 좌우부시 양구방소 이백공왈 원불자민 속설
損 左右扶侍 良久方蘇 而白空曰 願佛慈愍 速說

1장. 도리천궁신통품 179

아모생계 아금 신심 장사불구 시 각화정자재왕
我母生界 我今 身心 將死不久 時 覺華定自在王

여래 고성녀왈 여공양필 단조반사 단좌사유오
如來 告聖女曰 汝供養畢 但早返舍 端坐思惟吾

지명호 즉당지모소생거처 시 바라문녀 심례불
之名號 卽當知母所生去處 時 婆羅門女 尋禮佛

이 즉귀기사 이억모고 단좌 염 각화정자재왕여
已 卽歸其舍 以憶母故 端坐 念 覺華定自在王如

래 경일일일야 홀견자신 도일해변
來 經一日一夜 忽見自身 到一海邊

기수용비 다제악수 진부철신 비주해상 동서치
其水湧沸 多諸惡獸 盡復鐵身 飛走海上 東西馳

축 견제남자녀인백천만수 출몰해중 피제악수
逐 見諸男子女人百千萬數 出沒海中 被諸惡獸

쟁취식담 우견야차 기형각이 혹다수다안 다두
爭取食噉 又見夜叉 其形各異 或多手多眼 多頭

다족 아외출 이인여검 구축수죄인 사근악수 부
多足 牙外出 利刃如劍 驅逐受罪人 使近惡獸 復

자박확 두족상취 기형만류 불감구시 시 바라문
自搏攫 頭足相就 其形萬類 不敢久視 時 婆羅門

녀 이염불력고 자연무구 유일귀왕 명왈무독 계
女 以念佛力故 自然無懼 有一鬼王 名曰無毒 稽

수내영 백성녀 왈선재 보살 하연 내차 시바라문
首來迎 白聖女 曰善哉菩薩 何緣 來此 時婆羅門

녀 문귀왕왈 차시하처 무독답왈 차시대철위산
女 問鬼王曰 此是何處 無毒答曰 此是大鐵圍山

서면제일중해
西面第一重海

성녀문왈 아문철위지내 지옥재중 시사실부 무
聖女問曰 我聞鐵圍之內 地獄在中 是事實否 無

독답왈 실유지옥 성녀문왈 아금운하 득도옥소
毒答曰 實有地獄 聖女問曰 我今云何 得到獄所

무독답왈 약비위신 즉수업력 비차이사 종불능
無毒答曰 若非威神 即須業力 非此二事 終不能

도 성녀우문 차수하연 이내용비 다제죄인이급
到 聖女又問 此水何緣 而乃湧沸 多諸罪人 以及

1장. 도리천궁신통품 181

악수 무독답왈 차시남염부제조악중생 신사자
惡獸 無毒答曰 此是南閻浮提造惡衆生 新死者

경사십구일후 인계사위작공덕 구발고난 생시
經四十九日後 人繼嗣爲作功德 救拔苦難 生時

우무선인 당거본업 소감지옥 자연선도차해 해
又無善因 當據本業 所感地獄 自然先度此海 海

동십만유순 우유일해 기고배차 피해지동 우유
東十萬由旬 又有一海 其苦倍此 彼海之東 又有

일해 기고부배 삼업악인지소감소 공호업해 기
一海 其苦復倍 三業惡因之所感召 共號業海 其

처시야
處是也

성녀우문귀왕무독왈 지옥하재 무독답왈 삼해
聖女又問鬼王無毒曰 地獄何在 無毒答曰 三海

지내 시대지옥 기수백천 각각차별 소위대자 구
之內 是大地獄 其數百千 各各差別 所謂大者 具

유십팔 차유오백 고독무량 차유천백 역무량고
有十八 次有五百 苦毒無量 次有千百 亦無量苦

성녀우문대귀왕왈 아모사래미구 부지신혼 당
聖女又問大鬼王曰 我母死來未久 不知神魂當

지하취 귀왕문성녀왈 보살지모 재생 습하행
至何趣 鬼王問聖女曰 菩薩之母 在生 習何行

업 성녀답왈 아모사견 기훼삼보 설혹잠신 선우
業 聖女答曰 我母邪見 譏毀三寶 設或暫信 旋又

불경 사수일천 미지생처 무독문왈 보살지모 성
不敬 死雖日淺 未知生處 無毒問曰 菩薩之母 姓

씨하등 성녀답왈 아부아모 구바라문종 부호 시
氏何等 聖女答曰 我父我母 俱婆羅門種 父號 尸

라선현 모호 열제리
羅善現 母號 悅帝利

무독합장 계보살왈 원성자 각반본처 무지우억
無毒合掌 啓菩薩曰 願聖者 却返本處 無至憂憶

비연 열제리죄녀 생천이래 경금삼일 운승효순
悲戀 悅帝利罪女 生天以來 經今三日 云承孝順

지자 위모 설공수복 보시 각화정자재왕여래탑
之子 爲母 設供修福 布施 覺華定自在王如來塔

사 비유보살지모득탈지옥 응시무간죄인 차일
寺 非唯菩薩之母得脫地獄 應是無間罪人 此日

실득수락 구동생흘 귀왕언필 합장이퇴 바라문
悉得受樂 俱同生訖 鬼王言畢 合掌而退 婆羅門

녀 심여몽귀 오차사이 변어 각화정자재왕여래
女 尋如夢歸 悟此事已 便於 覺華定自在王如來

탑상지전 입홍서원 원아진미래겁 응유죄고중
塔像之前 立弘誓願 願我盡未來劫 應有罪苦衆

생 광설방편 사령해탈 불고문수사리 시귀왕무
生 廣設方便 使令解脫 佛告文殊師利 時鬼王無

독자 당금재수보살시 바라문녀자 즉지장보
毒者 當今財首菩薩是 婆羅門女者 卽地藏菩

살시
薩是

2장. 분신집회품 分身集會品

이시 백천만억 불가사불가의 불가량불가설 무
爾時 百千萬億 不可思不可議 不可量不可說 無

량아승지세계 소유지옥처 분신지장보살 구래
量阿僧祇世界 所有地獄處 分身地藏菩薩 俱來

집재도리천궁 이여래신력고 각이방면 여제득
集在忉利天宮 以如來神力故 各以方面 與諸得

해탈 종업도출자 역각유천만억나유타수 공지
解脫 從業道出者 亦各有千萬億那由他數 共持

향화 내공양불 피동래등배 개인지장보살교화
香華 來供養佛 彼同來等輩 皆因地藏菩薩敎化

영불퇴전 어아뇩다라삼먁삼보리 시제중등 구
永不退轉 於阿耨多羅三藐三菩提 是諸衆等 久

원겁래 유랑생사 육도수고 잠무휴식 이지장보
遠劫來 流浪生死 六道受苦 暫無休息 以地藏菩

살 광대자비심서원고 각획과증 기지도리 심회
薩 廣大慈悲深誓願故 各獲果證 旣至忉利 心懷

용약 첨앙여래 목불잠사
踊躍 瞻仰如來 目不暫捨

이시 세존 서금색비 마백천만억 불가사불가의
爾時 世尊 舒金色臂 摩百千萬億 不可思不可議

불가량불가설 무량아승지세계 제분신 지장보
不可量不可說 無量阿僧祇世界 諸分身 地藏菩

살마하살정 이작시언 오어오탁악세 교화여시
薩摩訶薩頂 而作是言 吾於五濁惡世 敎化如是

강강중생 영심조복 사사귀정 십유일이 상재악
剛強衆生 令心調伏 捨邪歸正 十有一二 尙在惡

습 오역분신천백억 광설방편 혹유이근 문즉신
習 吾亦分身千百億 廣設方便 或有利根 聞卽信

수 혹유선과 근권성취 혹유암둔 구화방귀 혹유
受 或有善果 勤勸成就 或有暗鈍 久化方歸 或有

업중 불생경앙 여시등배중생 각각차별 분신도
業重 不生敬仰 如是等輩衆生 各各差別 分身度

탈 혹현남자신 혹현여인신 혹현천룡신 혹현귀
脫 或現男子身 或現女人身 或現天龍身 或現鬼

신신 혹현산림천원 하지천정 이급어인 실개도
神身 或現山林川原 河池泉井 利及於人 悉皆度

탈 혹현제석신 혹현범왕신 혹현전륜왕신 혹현
脫 或現帝釋身 或現梵王身 或現轉輪王身 或現

거사신 혹현국왕신 혹현재보신 혹현관속신 혹
居士身 或現國王身 或現宰輔身 或現官屬身 或

현비구 비구니 우바새 우바이신 내지 성문나한
現比丘 比丘尼 優婆塞 優婆夷身 乃至 聲聞羅漢

벽지불보살등신 이이화도 비단불신 독현기신
辟支弗菩薩等身 而以化度 非但佛身 獨現其身

여관오누겁 근고도탈 여시등난화강강 죄고중
汝觀吾累劫 勤苦度脫 如是等難化剛强 罪苦衆

생 기유미조복자 수업보응 약타악취 수대고 시
生 其有未調伏者 隨業報應 若墮惡趣 受大苦 時

여당억념오재도리천궁 은근부촉 영사바세계
汝當憶念吾在忉利天宮 殷勤付囑 令娑婆世界

지미륵출세이래 중생 실사해탈 영리제고 우불
至彌勒出世已來 衆生 悉使解脫 永離諸苦 遇佛

수기
授記

이시 제세계분신지장보살 공부일형 체루애연
爾時 諸世界分身地藏菩薩 共復一形 涕淚哀戀

백기불언 아종구원겁래 몽불접인 사획불가사
白其佛言 我從久遠劫來 蒙佛接引 使獲不可思

의신력 구대지혜 아소분신 변만백천만억항하
議神力 具大智慧 我所分身 遍滿百千萬億恒河

사세계 매일세계 화백천만억신 매일신 도백천
沙世界 每一世界 化百千萬億身 每一身 度百千

만억인 영귀경삼보 영리생사 지열반락 단어불
萬億人 令歸敬三寶 永離生死 至涅槃樂 但於佛

법중 소위선사 일모일적 일사일진 혹호발허 아
法中 所爲善事 一毛一滴 一沙一塵 或毫髮許 我

점도탈 사획대리 유원세존 불이후세 악업중생
漸度脫 使獲大利 唯願世尊 不以後世 惡業衆生

위려 여시삼백불언 유원세존 불이후세 악업중
爲慮 如是三白佛言 唯願世尊 不以後世 惡業衆

생 위려 이시 불 찬지장보살언 선재선재 오조
生 爲慮 爾時 佛 讚地藏菩薩言 善哉善哉 吾助

여희 여능성취 구원겁래 발홍서원 광도장필 즉
汝喜 汝能成就 久遠劫來 發弘誓願 廣度將畢 卽

증보리
證菩提

3장. 관중생업연품 觀衆生業緣品

이시 불모마야부인 공경합장 문지장보살언 성
爾時 佛母摩耶夫人 恭敬合掌 問地藏菩薩言 聖

자 염부중생 조업차별 소수보응 기사운하 지장
者 閻浮衆生 造業差別 所受報應 其事云何 地藏

답언 천만세계 내급국토 혹유지옥 혹무지옥 혹
答言 千萬世界 乃及國土 或有地獄 或無地獄 或

유여인 혹무여인 혹유불법 혹무불법 내지 성문
有女人 或無女人 或有佛法 或無佛法 乃至 聲聞

벽지불 역부여시 비단지옥죄보일등 마야부인
辟支弗 亦復如是 非但地獄罪報一等 摩耶夫人

중백보살 차원문어염부죄보 소감악취 지장답
重白菩薩 且願聞於閻浮罪報 所感惡趣 地藏答

언성모 유원청수 아조설지 불모백언 원성자설
言聖母 唯願聽受 我粗說之 佛母白言 願聖者說

이시 지장보살 백성모언 남염부제 죄보명호여
爾時 地藏菩薩 白聖母言 南閻浮提 罪報名號如

시 약유중생 불효부모 혹지살해 당타무간지옥
是 若有衆生 不孝父母 或至殺害 當墮無間地獄

천만억겁 구출무기 약유중생 출불신혈 훼방삼
千萬億劫 求出無期 若有衆生 出佛身血 毁謗三

보 불경존경 역당타어무간지옥 천만억겁 구출
寶 不敬尊經 亦當墮於無間地獄 千萬億劫 求出

무기 약유중생 침손상주 점오승니 혹가람내 자
無期 若有衆生 侵損常住 玷汚僧尼 或伽藍內 恣

행음욕 혹살혹해 여시등배 당타무간지옥 천만
行淫欲 或殺或害 如是等輩 當墮無間地獄 千萬

억겁 구출무기 약유중생 위작사문 심비사문 파
億劫 求出無期 若有衆生 僞作沙門 心非沙門 破

용상주 기광백의 위배계율 종종조악 여시등배
用常住 欺狂白衣 違背戒律 種種造惡 如是等輩

당타무간지옥 천만억겁 구출무기 약유중생 투
當墮無間地獄 千萬億劫 求出無期 若有衆生 偸

절상주 재물곡미 음식의복 내지일물 불여취자
竊常住 財物穀米 飮食衣服 乃至一物 不與取者

당타무간지옥 천만억겁 구출무기 지장백언 성
當墮無間地獄 千萬億劫 求出無期 地藏白言 聖

모 약유중생 작여시죄 당타무간지옥 구잠정고
母 若有衆生 作如是罪 當墮無間地獄 求暫停苦

일념부득
一念不得

마야부인 중백지장보살언 운하명위무간지옥
摩耶夫人 重白地藏菩薩言 云何名爲無間地獄

지장백언 성모 제유지옥 재대철위산지내 기대
地藏白言 聖母 諸有地獄 在大鐵圍山之內 其大

지옥 유일십팔소 차유오백 명호각별 차유천백
地獄 有一十八所 次有五百 名號各別 次有千百

명자역별 무간옥자 기옥성주잡 팔만여리 기성
名字亦別 無間獄者 其獄城周帀 八萬餘里 其城

순철 고일만리 성상화취 소유공결 기옥성중 제
純鐵 高一萬里 城上火聚 少有空缺 其獄城中 諸

옥상련 명호각별 독유일옥 명왈무간 기옥주잡
獄相連 名號各別 獨有一獄 名曰無間 其獄周帀

만팔천리 옥장고일천리 실시철위 상화철하 하
萬八千里 獄牆高一千里 悉是鐵爲 上火徹下 下

화철상 철사철구 토화치축 옥장지상 동서이주
火徹上 鐵蛇鐵狗 吐火馳逐 獄墻之上 東西而走

옥중유상 변만만리 일인수죄 자견기신 변와만
獄中有床 遍滿萬里 一人受罪 自見其身 遍臥滿

상 천만인수죄 역각자견신만상상 죄업소감 획
床 千萬人受罪 亦各自見身滿床上 罪業所感 獲

보여시
報如是

우제죄인 비수중고 천백야차 급이악귀 구아여
又諸罪人 備受衆苦 千百夜叉 及以惡鬼 口牙如

검 안여전광 수부동조 타예죄인 부유야차 집대
劍 眼如電光 手復銅爪 拖拽罪人 復有夜叉 執大

철극 중죄인신 혹중구비 혹중복배 포공번접 혹
鐵戟 中罪人身 或中口鼻 或中復背 抛空翻接 或

치상상 부유철응 담죄인목 부유철사 격죄인경
置床上 復有鐵鷹 啗罪人目 復有鐵蛇 繳罪人頸

백지절내 실하장정 발설경리 추장좌참 양동관
百肢節內 悉下長釘 拔舌耕犁 抽腸剉斬 洋銅灌

구 열철전신 만사천생 업감여차 동경억겁 구출
口 熱鐵纏身 萬死千生 業感如此 動經億劫 求出

무기 차계괴시 기생타계 타계차괴 전기타방 타
無期 此界壞時 寄生他界 他界次壞 轉寄他方 他

방괴시 전전상기 차계성후 환부이래 무간죄보
方壞時 輾轉相寄 此界成後 還復而來 無間罪報

기사여시
其事如是

우오사소감 고칭무간 하등위오 일자 일야수죄
又五事所感 故稱無間 何等爲五 一者 日夜受罪

이지겁수 무시간절 고칭무간 이자 일인역만 다
以至劫數 無時間絶 故稱無間 二者 一人亦滿 多

인역만 고칭무간 삼자 죄기차봉 응사낭견 대마
人亦滿 故稱無間 三者 罪器叉棒 鷹蛇狼犬 碓磨

거착 좌작확탕 철망철승 철려철마 생혁락수 열
鋸鑿 剉斫鑊湯 鐵網鐵繩 鐵驢鐵馬 生革絡首 熱

철요신 기탄철환 갈음철즙 종년경겁 수나유타
鐵澆身 饑吞鐵丸 渴飮鐵汁 從年竟劫 數那由他

고초상련 갱무간단 고칭무간 사자 불문남자녀
苦楚相連 更無間斷 故稱無間 四者 不問男子女

인 강호이적 노유귀천 혹용혹신 혹천혹귀 죄행
人 羌胡夷狄 老幼貴賤 或龍或神 或天或鬼 罪行

업감 실동수지 고칭무간 오자 약타차옥 종초입
業感 悉同受之 故稱無間 五者 若墮此獄 從初入

시 지백천겁 일일일야 만사만생 구일념간 잠주
時 至百千劫 一日一夜 萬死萬生 求一念間 暫住

부득 제비업진 방득수생 이차연면 고칭무간 지
不得 除非業盡 方得受生 以此聯綿 故稱無間 地

장보살 백성모언 무간지옥 조설여시 약광설지
藏菩薩 白聖母言 無間地獄 粗說如是 若廣說地

옥죄기등명 급제고사 일겁지중 구설부진 마야
獄罪器等名 及諸苦事 一劫之中 求說不盡 摩耶

부인 문이 수우합장 정례이퇴
夫人 聞已 愁憂合掌 頂禮而退

4장. 염부제중생업감품 閻浮衆生業感品

이시 지장보살마하살 백불언 세존 아승불여래
爾時 地藏菩薩摩訶薩 白佛言 世尊 我承佛如來

위신력고 변백천만억세계 분시신형 구발일체
威神力故 遍百千萬億世界 分是身形 救拔一切

업보중생 약비여래대자력고 즉불능작 여시변
業報衆生 若非如來大慈力故 卽不能作 如是變

화 아금 우 몽불부촉 지 아일다성불이래 육도중
化 我今 又 蒙佛付囑 至 阿逸多成佛已來 六道衆

생 견령도탈 유연세존 원불유려
生 遣令度脫 唯然世尊 願不有慮

이시 불고지장보살 일체중생 미해탈자 성식무
爾時 佛告地藏菩薩 一切衆生 未解脫者 性識無

정 악습결업 선습결과 위선위악 축경이생 윤전
定 惡習結業 善習結果 爲善爲惡 逐境而生 輪轉

오도 잠무휴식 동경진겁 미혹장난 여어유망 장
五道 暫無休息 動經塵劫 迷惑障難 如魚遊網 將

시장류 탈입잠출 우부조망 이시등배 오당우념
是長流 脫入暫出 又復遭網 以是等輩 吾當憂念

여기필시왕원누겁중서 당도죄배 오부하려
汝旣畢是往願累劫重誓 當度罪輩 吾復何慮

설시어시 회중유일보살마하살 명정자재왕 백
說是語時 會中有一菩薩摩訶薩 名定自在王 白

불언 세존 지장보살 누겁이래 각발하원 금몽세
佛言 世尊 地藏菩薩 累劫以來 各發何願 今蒙世

존 은근찬탄 유원세존 약이설지 이시세존 고정
尊 殷勤讚歎 唯願世尊 略而說之 爾時世尊 告定

자재왕보살 제청제청 선사념지 오당위여 분별
自在王菩薩 諦聽諦聽 善思念之 吾當爲汝 分別

해설 내왕과거무량아승기나유타불가설겁 이
解說 乃往過去無量阿僧祇那由他不可說劫 爾

시유불 호일체지성취여래 응공 정변지 명행족
時有佛 號一切智成就如來 應供 正遍智 明行足

선서 세간해 무상사 조어장부 천인사 불 세존
善逝 世間解 無上士 調御丈夫 天人師 佛世尊

기불수명 육만겁 미출가시 위소국왕 여일린국
其佛壽命 六萬劫 未出家時 爲小國王 與一鄰國

왕 위우 동행십선 요익중생 기린국내 소유인민
王 爲友 同行十善 饒益衆生 其鄰國內 所有人民

다조중악 이왕의계 광설방편 일왕발원 조성불
多造衆惡 二王議計 廣設方便 一王發願 早成佛

도 광도시배 영사무여 일왕발원 약불선도죄고
道 廣度是輩 令使無餘 一王發願 若不先度罪苦

영시안락 득지보리 아종미원성불
令是安樂 得至菩提 我終未願成佛

불고정자재왕보살 일왕발원 조성불자 즉일체
佛告定自在王菩薩 一王發願 早成佛者 卽一切

지성취여래시 일왕발원 영도죄고중생 미원성
智成就如來是 一王發願 永度罪苦衆生 未願成

불자 즉지장보살시 부어과거 무량아승지겁 유
佛者 卽地藏菩薩是 復於過去 無量阿僧祇劫 有

불출세 명청정연화목여래 기불수명 사십겁 상
佛出世 名淸淨蓮華目如來 其佛壽命 四十劫 像

법지중 유일나한 복도중생 인차교화 우일여인
法之中 有一羅漢 福度衆生 因次敎化 遇一女人

자왈광목 설식공양 나한문지 욕원하등
字曰光目 設食供養 羅漢問之 欲願何等

광목답언 아 이모망지일 자복구발 미지아모 생
光目答言 我 以母亡之日 資福救拔 未知我母 生

처하취 나한민지 위입정관 견광목여모 타재악
處何趣 羅漢愍之 爲入定觀 見光目女母 墮在惡

취 수극대고 나한 문광목언 여모재생 작하행업
趣 受極大苦 羅漢 問光目言 汝母在生 作何行業

금재악취 수극대고 광목답언 아모소습 유호식
今在惡趣 受極大苦 光目答言 我母所習 唯好食

담어별지속 소식어별 다식기자 혹초혹자 자정
噉魚鱉之屬 所食魚鱉 多食其子 或炒或煮 恣情

식담 계기명수 천만부배 존자 자민 여하애구
食噉 計其命數 千萬復倍 尊者 慈愍 如何哀救

나한민지 위작방편 권광목언 여가지성 염청정
羅漢愍之 爲作方便 勸光目言 汝可志誠 念淸淨

연화목여래 겸소화형상 존망획보
蓮華目如來 兼塑畫形像 存亡獲報

광목문이 즉사소애 심화불상 이공양지 부공경
光目聞已 卽捨所愛 尋畫佛像 而供養之 復恭敬

심 비읍첨례 홀어야후 몽견불신 금색황요 여수
心 悲泣瞻禮 忽於夜後 夢見佛身 金色晃耀 如須

미산 방대광명 이고광목 여모불구 당생여가 재
彌山 放大光明 而告光目 汝母不久 當生汝家 纔

각기한 즉당언설 기후가내 비생일자 미만삼일
覺飢寒 卽當言說 其後家內 婢生一子 未滿三日

이내언설 계수비읍 고어광목 생사업연 과보자
而乃言說 稽首悲泣 告於光目 生死業緣 果報自

수 오시여모 구처암명 자별여래 누타대지옥 몽
受 吾是汝母 久處暗冥 自別汝來 累墮大地獄 蒙

여복력 당득수생 위하천인 우부단명 수년십삼
汝福力 當得受生 爲下賤人 又復短命 壽年十三

갱낙악도 여유하계 영오탈면 광목문설 지모무
更落惡道 汝有何計 令吾脫免 光目聞說 知母無

의 경인비제 이백비자 기시아모 합지본죄 작하
疑 哽咽悲啼 而白婢子 旣是我母 合知本罪 作何

행업 타어악도
行業 墮於惡道

비자답언 이살해훼매 이업수보 약비몽복 구발
婢子答言 以殺害毀罵 二業受報 若非蒙福 救拔

오난 이시업고 미합해탈 광목문언 지옥죄보 기
吾難 以是業故 未合解脫 光目問言 地獄罪報 其

사운하 비자답언 죄고지사 불인칭설 백천세중
事云何 婢子答言 罪苦之事 不忍稱說 百千歲中

졸백난경 광목문이 제루호읍 이백공계 원아지
卒白難竟 光目聞已 啼淚號泣 而白空界 願我之

모 영탈지옥 필십삼세 갱무중죄 급역악도 시방
母 永脫地獄 畢十三歲 更無重罪 及歷惡道 十方

제불 자애민아 청아위모 소발광대서원 약득아
諸佛 慈哀愍我 聽我爲母 所發廣大誓願 若得我

모 영리삼도 급사하천 내지여인지신 영겁불수
母 永離三途 及斯下賤 乃至女人之身 永劫不受

자 원아자금일후 대청정연화목여래상전 각후
者 願我自今日後 對淸淨蓮華目如來像前 却後

백천만억겁중 응유세계 소유지옥 급삼악도 제
百千萬億劫中 應有世界 所有地獄 及三惡道 諸

죄고중생 서원구발 영리지옥 악취축생아귀등
罪苦衆生 誓願救拔 令離地獄 惡趣畜生餓鬼等

여시죄보등인 진성불경 아연후 방성정각 발서
如是罪報等人 盡成佛竟 我然後 方成正覺 發誓

원이 구문청정연화목여래 이고지왈 광목 여대
願已 具聞淸淨蓮華目如來 而告之曰 光目 汝大

자민 선능위모 발여시대원 오관여모 십삼세필
慈愍 善能爲母 發如是大願 吾觀汝母 十三歲畢

사차보이 생위범지 수년백세 과시보후 당생무
捨此報已 生爲梵志 壽年百歲 過是報後 當生無

우국토 수명 불가계겁 후성불과 광도인천 수여
憂國土 壽命 不可計劫 後成佛果 廣度人天 數如

항하사
恒河沙

불고정자재왕 이시나한 복도광목자 즉무진의
佛告定自在王 爾時羅漢 福度光目者 卽無盡意

보살시 광목모자 즉해탈보살시 광목녀자 즉지
菩薩是 光目母者 卽解脫菩薩是 光目女者 卽地

장보살시 과거구원겁중 여시자민 발항하사원
藏菩薩是 過去久遠劫中 如是慈愍 發恒河沙願

광도중생 미래세중 약유남자녀인 불행선자 행
廣度衆生 未來世中 若有男子女人 不行善者 行

악자 내지 불신인과자 사음망어자 양설악구자
惡者 乃至 不信因果者 邪淫妄語者 兩舌惡口者

훼방대승자 여시제업중생 필타악취 약우선지
毀謗大乘者 如是諸業衆生 必墮惡趣 若遇善知

식 권령일탄지간 귀의지장보살 시제중생 즉득
識 勸令一彈指間 歸依地藏菩薩 是諸衆生 卽得

해탈 삼악도보 약능지심귀경 급첨례찬탄 향화
解脫 三惡道報 若能至心歸敬 及瞻禮讚歎 香華

의복 종종진보 혹부음식 여시봉사자 미래백천
衣服 種種珍寶 或復飲食 如是奉事者 未來百千

만억겁중 상재제천 수승묘락 약천복진 하생인
萬億劫中 常在諸天 受勝妙樂 若天福盡 下生人

간 유백천겁 상위제왕 능억숙명 인과본말 정자
間 猶百千劫 常爲帝王 能憶宿命 因果本末 定自

재왕 여시지장보살 유여차불가사의대위신력
在王 如是地藏菩薩 有如此不可思議大威神力

광리중생 여등제보살 당기시경 광선유포
廣利衆生 汝等諸菩薩 當記是經 廣宣流布

정자재왕 백불언 세존 원불유려 아등천만억 보
定自在王 白佛言 世尊 願不有慮 我等千萬億 菩

살마하살 필능승불위신 광연시경 어염부제 이
薩摩訶薩 必能承佛威神 廣演是經 於閻浮提 利

익중생 정자재왕보살 백세존이 합장공경 작례
益衆生 定自在王菩薩 白世尊已 合掌恭敬 作禮

이퇴 이시 사방천왕 구종좌기 합장공경 백불언
而退 爾時 四方天王 俱從座起 合掌恭敬 白佛言

세존 지장보살 어구원겁래 발여시대원 운하지
世尊 地藏菩薩 於久遠劫來 發如是大願 云何至

금 유도미절 갱발광대서언 유원세존 위아등설
今 猶度未絶 更發廣大誓言 唯願世尊 爲我等說

불고사천왕 선재선재 오금 위여급미래현재 천
佛告四天王 善哉善哉 吾今 爲汝及未來現在 天

인중등 광이익고 설지장보살 어사바세계 염부
人衆等 廣利益故 說地藏菩薩 於娑婆世界 閻浮

제내 생사도중 자애구발 도탈일체 죄고중생 방
提內 生死道中 慈哀救拔 度脫一切 罪苦衆生 方

편지사 사천왕언 유연세존 원요욕문
便之事 四天王言 唯然世尊 願樂欲聞

불고사천왕 지장보살 구원겁래 흘지우금 도탈
佛告四天王 地藏菩薩 久遠劫來 迄至于今 度脫

중생 유미필원 자민차세 죄고중생 부관미래 무
衆生 猶未畢願 慈愍此世 罪苦衆生 復觀未來 無

량겁중 인만부단 이시지고 우발중원 여시보살
量劫中 因蔓不斷 以是之故 又發重願 如是菩薩

어사바세계 염부제중 백천만억방편 이위교화
於娑婆世界 閻浮提中 百千萬億方便 而爲敎化

사천왕 지장보살 약우살생자 설숙앙단명보 약
四天王 地藏菩薩 若遇殺生者 說宿殃短命報 若

우절도자 설빈궁고초보 약우사음자 설작합원
遇 竊 盜 者 說 貧 窮 苦 楚 報 若 遇 邪 淫 者 說 雀 鴿 鴛

앙보 약우악구자 설권속투쟁보 약우훼방자 설
鴦 報 若 遇 惡 口 者 說 眷 屬 鬪 諍 報 若 遇 毁 謗 者 說

무설창구보 약우진에자 설추루륭잔보 약우간
無 舌 瘡 口 報 若 遇 嗔 恚 者 說 醜 陋 癃 殘 報 若 遇 慳

린자 설소구위원보 약우음식무도자 설기갈인
悋 者 說 所 求 違 願 報 若 遇 飮 食 無 度 者 說 飢 渴 咽

병보 약우전렵자정자 설경광상명보 약우패역
病 報 若 遇 畋 獵 恣 情 者 說 驚 狂 喪 命 報 若 遇 悖 逆

부모자 설천지재살보 약우소산림목자 설광미
父 母 者 說 天 地 災 殺 報 若 遇 燒 山 林 木 者 說 狂 迷

취사보 약우전후부모악독자 설반생편달 현수
取 死 報 若 遇 前 後 父 母 惡 毒 者 說 返 生 鞭 撻 現 受

보 약우망포생추자 설골육분리보 약우훼방삼
報 若 遇 網 捕 生 雛 者 說 骨 肉 分 離 報 若 遇 毁 謗 三

보자 설맹농음아보 약우경법만교자 설영처악
寶 者 說 盲 聾 瘖 啞 報 若 遇 輕 法 慢 敎 者 說 永 處 惡

도보 약우파용상주자 설억겁윤회지옥보 약우
道 報 若 遇 破 用 常 住 者 說 億 劫 輪 廻 地 獄 報 若 遇

206

오범무승자 설영재축생보 약우탕화참작상생
汚梵誣僧者 說永在畜生報 若遇湯火斬斫傷生

자 설윤회체상보 약우파계범재자 설금수기아
者 說輪廻遞償報 若遇破戒犯齋者 說禽獸飢餓

보 약우비리훼용자 설소구궐절보 약우오아공
報 若遇非理毀用者 說所求闕絶報 若遇吾我貢

고자 설비사하천보 약우양설투란자 설무설백
高者 說卑使下賤報 若遇兩舌鬪亂者 說無舌百

설보 약우사견자 설변지수생보
舌報 若遇邪見者 說邊地受生報

여시등염부제중생 신구의업 악습결과 백천보
如是等閻浮提衆生 身口意業 惡習結果 百千報

응 금조약설 여시등염부제중생 업감차별 지장
應 今粗略說 如是等閻浮提衆生 業感差別 地藏

보살 백천방편 이교화지 시제중생 선수여시등
菩薩 百千方便 而敎化之 是諸衆生 先受如是等

보 후타지옥 동경겁수 무유출기 시고여등 호인
報 後墮地獄 動經劫數 無有出期 是故汝等 護人

호국 무령시제중업 미혹중생 사천왕 문이 체루
護國 無令是諸衆業 迷惑衆生 四天王 聞已 涕淚

비탄 합장이퇴
悲歎 合掌而退

5장. 지옥명호품 地獄名號品

이시 보현보살마하살 백지장보살언 인자 원위
爾時 普賢菩薩摩訶薩 白地藏菩薩言 仁者 願爲

천룡팔부 급미래현재일체중생 설 사바세계 급
天龍八部 及未來現在一切衆生 說 娑婆世界 及

염부제죄고중생 소수보처지옥명호 급악보등
閻浮提罪苦衆生 所受報處地獄名號 及惡報等

사 사미래세말법중생 지시과보
事 使未來世末法衆生 知是果報

지장답언 인자 아금 승불위신 급대사지력 약설
地藏答言 仁者 我今 承佛威神 及大士之力 略說

지옥명호 급죄보악보지사 인자 염부제동방 유
地獄名號 及罪報惡報之事 仁者 閻浮提東方 有

산 호왈철위 기산흑수 무일월광 유대지옥 호극
山 號曰鐵圍 其山黑邃 無日月光 有大地獄 號極

무간 우유지옥 명왈대아비 부유지옥 명왈사각
無間 又有地獄 名曰大阿鼻 復有地獄 名曰四角

부유지옥 명왈비도 부유지옥 명왈화전 부유지
復有地獄 名曰飛刀 復有地獄 名曰火箭 復有地

옥 명왈협산 부유지옥 명왈통창 부유지옥 명왈
獄 名曰夾山 復有地獄 名曰通槍 復有地獄 名曰

철거 부유지옥 명왈철상 부유지옥 명왈철우 부
鐵車 復有地獄 名曰鐵床 復有地獄 名曰鐵牛 復

유지옥 명왈철의 부유지옥 명왈천인 부유지옥
有地獄 名曰鐵衣 復有地獄 名曰千刃 復有地獄

명왈철려 부유지옥 명왈양동 부유지옥 명왈포
名曰鐵驢 復有地獄 名曰烊銅 復有地獄 名曰抱

주 부유지옥 명왈유화 부유지옥 명왈경설 부유
柱 復有地獄 名曰流火 復有地獄 名曰耕舌 復有

지옥 명왈좌수 부유지옥 명왈소각 부유지옥 명
地獄 名曰剉首 復有地獄 名曰燒脚 復有地獄 名

왈담안 부유지옥 명왈철환 부유지옥 명왈쟁론
曰啗眼 復有地獄 名曰鐵丸 復有地獄 名曰諍論

부유지옥 명왈철부 부유지옥 명왈다진
復有地獄 名曰鐵鈇 復有地獄 名曰多嗔

지장백언 인자 철위지내 유여시등지옥 기수무
地藏白言 仁者 鐵圍之內 有如是等地獄 其數無

한 갱유규환지옥 발설지옥 분뇨지옥 동쇄지옥
限 更有叫喚地獄 拔舌地獄 糞尿地獄 銅鎖地獄

화상지옥 화구지옥 화마지옥 화우지옥 화산지
火象地獄 火狗地獄 火馬地獄 火牛地獄 火山地

옥 화석지옥 화상지옥 화량지옥 화응지옥 거아
獄 火石地獄 火床地獄 火梁地獄 火鷹地獄 鋸牙

지옥 박피지옥 음혈지옥 소수지옥 소각지옥 도
地獄 剝皮地獄 飮血地獄 燒手地獄 燒脚地獄 倒

자지옥 화옥지옥 철옥지옥 화랑지옥 여시등지
刺地獄 火屋地獄 鐵屋地獄 火狼地獄 如是等地

옥 기중 각각부유 제소지옥 혹일혹이 혹삼혹사
獄 其中 各各復有 諸小地獄 或一或二 或三或四

내지백천 기중명호 각각부동
乃至百千 其中名號 各各不同

지장보살 우고보현보살언 인자 차자 개시남염
地藏菩薩 又告普賢菩薩言 仁者 此者 皆是南閻

5장. 지옥명호품 211

부제행악중생업감 여시업력심대 능적수미 능
浮 提 行 惡 衆 生 業 感　如 是 業 力 甚 大　能 敵 須 彌　能

심거해 능장성도 시고중생 막경소악 이위무죄
深 巨 海　能 障 聖 道　是 故 衆 生　莫 輕 小 惡　以 爲 無 罪

사후유보 섬호수지 부자지친 기로각별 종연상
死 後 有 報　纖 毫 受 之　父 子 至 親　岐 路 各 別　縱 然 相

봉 무긍대수 아금 승불위력 약설지옥죄보지
逢　無 肯 代 受　我 今　承 佛 威 力　略 說 地 獄 罪 報 之

사 유원인자 잠청시언 보현답언 오이구지삼
事　唯 願 仁 者　暫 聽 是 言　普 賢 答 言　吾 已 久 知 三

악도보 망인자설 영후세말법일체악행중생 문
惡 道 報　望 仁 者 說　令 後 世 末 法 一 切 惡 行 衆 生　聞

인자설 사령귀불
仁 者 說　使 令 歸 佛

지장백언 인자 지옥죄보 기사여시 혹유지옥 취
地 藏 白 言　仁 者　地 獄 罪 報　其 事 如 是　或 有 地 獄　取

죄인설 사우경지 혹유지옥 취죄인심 야차식지
罪 人 舌　使 牛 耕 之　或 有 地 獄　取 罪 人 心　夜 叉 食 之

혹유지옥 확탕성비 자죄인신 혹유지옥 적소동
或有地獄 鑊湯盛沸 煮罪人身 或有地獄 赤燒銅

주 사죄인포 혹유지옥 사제화소 진급죄인 혹유
柱 使罪人抱 或有地獄 使諸火燒 趁及罪人 或有

지옥 일향한빙 혹유지옥 무한분뇨 혹유지옥 순
地獄 一向寒氷 或有地獄 無限糞尿 或有地獄 純

비철려 혹유지옥 다찬화창 혹유지옥 유당흉배
飛鐵鑢 或有地獄 多攢火槍 或有地獄 唯撞胸背

혹유지옥 단소수족 혹유지옥 반격철사 혹유지
或有地獄 但燒手足 或有地獄 盤繳鐵蛇 或有地

옥 구축철구 혹유지옥 진가철려 인자 여시등보
獄 驅逐鐵狗 或有地獄 盡駕鐵驢 仁者 如是等報

각각옥중 유백천종업도지기 무비시동시철 시
各各獄中 有百千種業道之器 無非是銅是鐵 是

석시화 차사종물 중업행감 약광설지옥 죄보등
石是火 此四種物 衆業行感 若廣說地獄 罪報等

사 일일옥중 갱유백천종고초 하황다옥 아금 승
事 一一獄中 更有百千種苦楚 何況多獄 我今 承

불위신 급인자문 약설여시 약광해설 궁겁부진
佛威神 及仁者問 略說如是 若廣解說 窮劫不盡

6장. 여래찬탄품 如來讚歎品

이시 세존 거신 방대광명 변조백천만억 항하사등
爾時 世尊 擧身 放大光明 遍照百千萬億 恒河沙等

제불세계 출대음성 보고제불세계 일체제보살
諸佛世界 出大音聲 普告諸佛世界 一切諸菩薩

마하살 급천룡귀신인비인등 청오 금일 칭양찬
摩訶薩 及天龍鬼神人非人等 聽吾 今日 稱揚讚

탄지장보살마하살 어 시방세계 현대불가사의
歎地藏菩薩摩訶薩 於 十方世界 現大不可思議

위신자비지력 구호일체죄고지사 오멸도후 여
威神慈悲之力 救護一切罪苦之事 吾滅度後 汝

등제보살대사 급천룡귀신등 광작방편 위호시
等諸菩薩大士 及天龍鬼神等 廣作方便 衛護是

경 영일체중생 증열반락 설시어이 회중 유일보
經 令一切衆生 證涅槃樂 說是語已 會中 有一菩

살 명왈보광 합장공경 이백불언 금견세존 찬탄
薩 名曰普廣 合掌恭敬 而白佛言 今見世尊 讚歎

지장보살 유여시불가사의대위신력 유원세존
地藏菩薩 有如是不可思議大威神力 唯願世尊

위미래말법중생 선설지장보살 이익인천인과
爲未來末法衆生 宣說地藏菩薩 利益人天因果

등사 사제천룡팔부 급미래세중생 정수불어 이
等事 使諸天龍八部 及未來世衆生 頂受佛語 爾

시 세존 고보광보살 급사중등 제청제청 오당위
時 世尊 告普廣菩薩 及四衆等 諦聽諦聽 吾當爲

여 약설지장보살 이익인천복덕지사
汝 略說地藏菩薩 利益人天福德之事

보광백언 유연세존 원요욕문 불고보광보살 미
普廣白言 唯然世尊 願樂欲聞 佛告普廣菩薩 未

래세중 약유선남자선여인 문시지장보살마하
來世中 若有善男子善女人 聞是地藏菩薩摩訶

살명자 혹 합장자 찬탄자 작례자 연모자 시인초
薩名者 或 合掌者 讚歎者 作禮者 戀慕者 是人超

월 삼십겁죄 보광 약유선남자선여인 혹채화형
越 三十劫罪 普廣 若有善男子善女人 或彩畵形

상 혹 토석교칠 금은동철 작차보살 일첨일례자
像 或 土石膠漆 金銀銅鐵 作此菩薩 一瞻一禮者

시인 백반생어삼십삼천 영불타어악도 가여천
是人 百返生於三十三天 永不墮於惡道 假如天

복 진고 하생인간 유위국왕 불실대리 약유여인
福 盡故 下生人間 猶爲國王 不失大利 若有女人

염여인신 진심공양 지장보살화상 급토석교칠
厭女人身 盡心供養 地藏菩薩畵像 及土石膠漆

동철등상 여시일일불퇴 상이화향음식 의복증
銅鐵等像 如是日日不退 常以華香飮食 衣服繒

채 당번전보등물 공양 시선여인 진차일보여신
綵 幢旛錢寶等物 供養 是善女人 盡此一報女身

백천만겁 갱불생 유여인세계 하황부수 제비자
百千萬劫 更不生 有女人世界 何況復受 除非慈

원력고 요수여신 도탈중생 승사공봉 지장력고
願力故 要受女身 度脫衆生 承斯供奉 地藏力故

급공덕력 백천만겁 불수여신
及功德力 百千萬劫 不受女身

부차보광 약유여인 염시추루 다질병자 단어지
復次普廣 若有女人 厭是醜陋 多疾病者 但於地

장상전 지심첨례 식경지간 시인 천만겁중 소수
藏像前 至心瞻禮 食頃之間 是人 千萬劫中 所受

생신 상모원만 시추루여인 여불염여신 즉백천
生身 相貌圓滿 是醜陋女人 如不厭女身 卽百千

만억생중 상위왕여 내급왕비 재보대성 대장자
萬億生中 常爲王女 乃及王妃 宰輔大姓 大長者

여 단정수생 제상원만 유지심고 첨례지장보살
女 端正受生 諸相圓滿 由至心故 瞻禮地藏菩薩

획복여시
獲福如是

부차보광 약유선남자선여인 능대보살상전 작
復次普廣 若有善男子善女人 能對菩薩像前 作

제기악 급가영찬탄 향화공양 내지 권어일인다
諸伎樂 及歌詠讚歎 香華供養 乃至 勸於一人多

인 여시등배 현재세중 급미래세 상득백천귀신
人 如是等輩 現在世中 及未來世 常得百千鬼神

일야위호 불영악사 첩문기이 하황친수제횡
日夜衛護 不令惡事 輒聞其耳 何況親受諸橫

부차보광 미래세중 약유악인 급악신악귀 견유
復次普廣 未來世中 若有惡人 及惡神惡鬼 見有

선남자선여인 귀경공양 찬탄첨례 지장보살형
善男子善女人 歸敬供養 讚歎瞻禮 地藏菩薩形

상 혹망생기훼 방무공덕급이익사 혹노치소 혹
像 或妄生譏毁 謗無功德及利益事 或露齒笑 或

배면비 혹권인공비 혹일인비 혹다인비 내지일
背面非 或勸人共非 或一人非 或多人非 乃至一

념 생기훼자 여시지인 현겁천불멸도 기훼지보
念 生譏毁者 如是之人 賢劫千佛滅度 譏毁之報

상재아비지옥 수극중죄 과시겁이 방수아귀 우
尙在阿鼻地獄 受極重罪 過是劫已 方受餓鬼 又

경천겁 부수축생 우경천겁 방득인신 종수인신
經千劫 復受畜生 又經千劫 方得人身 縱受人身

빈궁하천 제근불구 다피악업 내결기심 불구지
貧窮下賤 諸根不具 多被惡業 來結其心 不久之

간 부타악도 시고 보광 기훼타인공양 상획차보
間 復墮惡道 是故 普廣 譏毀他人供養 尚獲此報

하황별생악견훼멸
何況別生惡見毀滅

부차보광 약미래세 유남자여인 구처상침 구생
復次普廣 若未來世 有男子女人 久處床枕 求生

구사 요불가득 혹야몽악귀 내급가친 혹유험도
求死 了不可得 或夜夢惡鬼 乃及家親 或遊險道

혹다염매 공귀신유 일월세심 전부왕채 면중규
或多魘寐 共鬼神遊 日月歲深 轉復尪瘵 眠中叫

고 참처불락자 차개시업도논대 미정경중 혹난
苦 慘悽不樂者 此皆是業道論對 未定輕重 或難

사수 혹불득유 남녀속안 불변시사
捨壽 或不得癒 男女俗眼 不辨是事

단당대제불보살상전 고성전독 차경일편 혹취
但當對諸佛菩薩像前 高聲轉讀 此經一遍 或取

병인 가애지물 혹의복보패 장원사택 대병인전
病人 可愛之物 或衣服寶貝 莊園舍宅 對病人前

고성창언 아모갑등 위시병인 대경상전 사제등
高聲唱言 我某甲等 爲是病人 對經像前 捨諸等

물 혹공양경상 혹조불보살형상 혹조탑사 혹연
物 或供養經像 或造佛菩薩形像 或造塔寺 或燃

유등 혹시상주 여시삼백병인 견령문지 가령제
油燈 或施常住 如是三白病人 遣令聞知 假令諸

식분산 지기진자 일일이일삼일사일 지칠일이
識分散 至氣盡者 一日二日三日四日 至七日以

래 단고성백사 고성독경 시인명종지후 숙앙중
來 但高聲白事 高聲讀經 是人命終之後 宿殃重

죄 지우오무간죄 영득해탈 소수생처 상지숙명
罪 至于五無間罪 永得解脫 所受生處 常知宿命

하황 선남자선여인 자서차경 혹교인서 혹자소
何況 善男子善女人 自書此經 或敎人書 或自塑

화 보살형상 내지 교인소화 소수과보 필획대리
畵 菩薩形像 乃至 敎人塑畵 所受果報 必獲大利

시고보광 약견유인 독송시경 내지일념 찬탄시
是故普廣 若見有人 讀誦是經 乃至一念 讚歎是

경 혹공경자 여수백천방편 권 시등인 근심막퇴
經 或恭敬者 汝須百千方便 勸 是等人 勤心莫退

능득미래현재천만억불가사의공덕
能得未來現在千萬億不可思議功德

부차보광 약미래세 제중생등 혹몽혹매 견제귀
復次普廣 若未來世 諸衆生等 或夢或寐 見諸鬼

신 내급제형 혹비혹제 혹수혹탄 혹공혹포 차개
神 乃及諸形 或悲或啼 或愁或歎 或恐或怖 此皆

시일생십생 백생천생 과거부모 남녀제매 부처
是一生十生 百生千生 過去父母 男女弟妹 夫妻

권속 재어악취 미득출리 무처희망복력구발 당
眷屬 在於惡趣 未得出離 無處希望福力救拔 當

고숙세골육 사작방편 원리악도 보광 여이신력
告宿世骨肉 使作方便 願離惡道 普廣 汝以神力

견시권속 영대제불보살상전 지심자독차경 혹
遣是眷屬 令對諸佛菩薩像前 志心自讀此經 或

청인독 기수삼편 혹지칠편 여시악도권속 경성
請人讀 其數三遍 或至七遍 如是惡道眷屬 經聲

필시편수 당득해탈 내지 몽매지성 영불부견
畢是遍數 當得解脫 乃至 夢寐之聲 永不復見

부차보광 약미래세 유제하천등인 혹노혹비 내
復次普廣 若未來世 有諸下賤等人 或奴或婢 乃

지제부자유지인 각지숙업 요참회자 지심첨례
至諸不自由之人 覺知宿業 要懺悔者 至心瞻禮

지장보살형상 내지일칠일중 염보살명 가만만
地藏菩薩形像 乃至一七日中 念菩薩名 可滿萬

편 여시등인 진차보후 천만생중 상생존귀 갱불
遍 如是等人 盡此報後 千萬生中 常生尊貴 更不

경삼악도고 부차보광 약미래세중 염부제내찰
經三惡道苦 復次普廣 若未來世中 閻浮提內刹

리바라문장자 거사일체인등 급이성종족 유신
利婆羅門長者 居士一切人等 及異姓種族 有新

산자 혹남혹녀 칠일지중 조여독송 차불가사의
産者 或男或女 七日之中 早與讀誦 此不可思議

경전 갱위념보살명 가만만편 시신생자 혹남혹
經典 更爲念菩薩名 可滿萬遍 是新生子 或男或

녀 숙유앙보 변득해탈 안락이양 수명증장 약시
女 宿有殃報 便得解脫 安樂易養 壽命增長 若是

승복생자 전증안락 급여수명
承福生者 轉增安樂 及與壽命

부차보광 약미래세 중생어월 일일팔일 십사일십
復次普廣 若未來世 衆生於月 一日八日 十四日十

오일십팔일 이십삼이십사이십팔 이십구일 내
五日十八日 二十三二十四二十八日 二十九日 乃

지삼십일 시제일등 제죄결집 정기경중 남염부
至三十日 是諸日等 諸罪結集 定其輕重 南閻浮

제중생 거지동념 무불시업 무불시죄 하황자정
提衆生 擧止動念 無不是業 無不是罪 何況恣情

살해절도 사음망어 백천죄상 능어시십재일 대
殺害竊盜 邪淫妄語 百千罪狀 能於是十齋日 對

불보살 제현성상전 독시경일편 동서남북백유
佛菩薩 諸賢聖像前 讀是經一遍 東西南北百由

순내 무제재난 당차거가 약장약유 현재미래백
旬內 無諸災難 當此居家 若長若幼 現在未來百

천세중 영리악취 능어십재일 매전일편 현세영
千世中 永離惡趣 能於十齋日 每轉一遍 現世令

차거가 무제횡병 의식풍일 시고 보광 당지 지장
此居家 無諸橫病 衣食豊溢 是故 普廣 當知 地藏

보살 유여시등불가설백천만억대위신력이익
菩薩 有如是等不可說百千萬億大威神力利益

6장. 여래찬탄품 223

지사 염부중생 어차대사 유대인연 시제중생 문
之事 閻浮衆生 於此大士 有大因緣 是諸衆生 聞

보살명 견 보살상 내지문시경삼자오자 혹일게
菩薩名 見 菩薩像 乃至聞是經三字五字 或一偈

일구자 현재 수묘안락 미래지세백천만생 상득
一句者 現在 殊妙安樂 未來之世百千萬生 常得

단정 생존귀가
端正 生尊貴家

이시 보광보살 문 불여래 칭양찬탄지장보살이
爾時 普廣菩薩 聞 佛如來 稱揚讚歎地藏菩薩已

호궤합장 부백불언 세존 아구지시대사 유여차
胡跪合掌 復白佛言 世尊 我久知是大士 有如此

불가사의신력 급대서원력 위미래중생 견지리
不可思議神力 及大誓願力 爲未來衆生 遣知利

익 고문여래 유연정수 세존 당하명차경 사아 운
益 故問如來 唯然頂受 世尊 當何名此經 使我云

하유포 불고보광 차경유삼명 일명 지장본원 역
何流布 佛告普廣 此經有三名 一名 地藏本願 亦

명지장본행 역명지장본서력경 연차보살 구원
名 地 藏 本 行 亦 名 地 藏 本 誓 力 經 緣 此 菩 薩 久 遠

겁래 발대중원 이익중생 시고 여등 의원유포 보
劫 來 發 大 重 願 利 益 衆 生 是 故 汝 等 依 願 流 布 普

광문이 합장공경 작례이퇴
廣 聞 己 合 掌 恭 敬 作 禮 而 退

7장. 이익존망품 利益存亡品

이시 지장보살마하살 백불언 세존 아관 시염부
爾時 地藏菩薩摩訶薩 白佛言 世尊 我觀 是閻浮

중생 거심동념 무비시죄 탈획선리 다퇴초심 약
衆生 擧心動念 無非是罪 脫獲善利 多退初心 若

우악연 염념증익 시등배인 여리니도 부어중석
遇惡緣 念念增益 是等輩人 如履泥塗 負於重石

점곤점중 족보심수 약득우지식 체여감부 혹전
漸困漸重 足步深邃 若得遇知識 替與減負 或全

여부 시지식 유대력고 부상부조 권령뇌각 약달
與負 是知識 有大力故 復相扶助 勸令牢脚 若達

평지 수성악로 무재경력
平地 須省惡路 無再經歷

세존 습악중생 종섬호간 변지무량 시제중생 유
世尊 習惡衆生 從纖毫間 便至無量 是諸衆生 有

여차습 임명종시 부모권속 의위설복 이자전로
如此習 臨命終時 父母眷屬 宜爲設福 以資前路

혹현번개 급연유등 혹전독존경 혹공양불상 급
或懸旛蓋 及燃油燈 或轉讀尊經 或供養佛像 及

제성상 내지염불보살 급벽지불명자 일명일호
諸聖像 乃至念佛菩薩 及辟支佛名字 一名一號

역임종인이근 혹문재본식 시제중생 소조악업
歷臨終人耳根 或聞在本識 是諸衆生 所造惡業

계기감과 필타악취 연시권속 위임종인 수차성
計其感果 必墮惡趣 緣是眷屬 爲臨終人 修此聖

인 여시중죄 실개소멸 약능갱위신사지후 칠칠
因 如是衆罪 悉皆消滅 若能更爲身死之後 七七

일내 광조중선 능사시제중생 영리악취 득생인
日內 廣造衆善 能使是諸衆生 永離惡趣 得生人

천 수승묘락 현재권속 이익무량
天 受勝妙樂 現在眷屬 利益無量

시고아금 대불세존 급천룡팔부 인비인등 권어
是故我今 對佛世尊 及天龍八部 人非人等 勸於

염부제중생 임종지시 신물살해 급조악연 배제
閻浮提衆生 臨終之時 愼勿殺害 及造惡緣 拜祭

귀신 구제망량 하이고 이소살해 내지배제 무섬
鬼神 求諸魍魎 何以故 爾所殺害 乃至拜祭 無纖

호지력 이익망인 단결죄연 전증심중 가사내세
毫之力 利益亡人 但結罪緣 轉增深重 假使來世

혹현재생 득획성분 생인천중 연시임종 피제권
或現在生 得獲聖分 生人天中 緣是臨終 被諸眷

속 조시악인 역령시명종인 앙루대변 만생선처
屬 造是惡因 亦令是命終人 殃累對辯 晚生善處

하황임명종인 재생 미증유소선근 각거본업 자
何況臨命終人 在生 未曾有小善根 各據本業 自

수악취 하인권속 갱위증업 비여유인 종원지래
受惡趣 何忍眷屬 更爲增業 譬如有人 從遠地來

절량삼일 소부담물 강과백근 홀우린인 갱부소
絶糧三日 所負擔物 强過百斤 忽遇鄰人 更附少

물 이시지고 전부곤중
物 以是之故 轉復困重

세존 아관 염부중생 단능어제불교중 내지선사
世尊 我觀 閻浮衆生 但能於諸佛敎中 乃至善事

일모일적 일사일진 여시이익 실개자득 설시어
一毛一滴 一沙一塵 如是利益 悉皆自得 說是語

시 회중 유일장자 명왈대변 시장자 구증무생 화
時 會中 有一長者 名曰大辯 是長者 久證無生 化

도시방 현장자신 합장공경 문지장보살언 대사
度十方 現長者身 合掌恭敬 問地藏菩薩言 大士

시남염부제중생 명종지후 대소권속 위수공덕
是南閻浮提衆生 命終之後 大小眷屬 爲修功德

내지설재 조중선인 시명종인 득대이익 급해
乃至設齋 造衆善因 是命終人 得大利益 及解

탈부
脫不

지장답언 장자 아금 위미래현재일체중생 승불
地藏答言 長者 我今 爲未來現在一切衆生 承佛

위력 약설시사 장자 미래현재 제중생등 임명종
威力 略說是事 長者 未來現在 諸衆生等 臨命終

일 득문일불명 일보살명 일벽지불명 불문유죄
日 得聞一佛名 一菩薩名 一辟支佛名 不問有罪

무죄 실득해탈 약유남자여인 재생 불수선인 다
無罪 悉得解脫 若有男子女人 在生 不修善因 多

조중죄 명종지후 권속소대 위조복리 일체성사
造衆罪 命終之後 眷屬小大 爲造福利 一切聖事

칠분지중 이내획일 육분공덕 생자자리 이시지
七分之中 而乃獲一 六分功德 生者自利 以是之

고 미래현재 선남녀등 문건자수 분분이획 무상
故 未來現在 善男女等 聞健自修 分分已獲 無常

대귀 불기이도 명명유신 미지죄복 칠칠일내 여
大鬼 不期而到 冥冥遊神 未知罪福 七七日內 如

치여농 혹재제사 변론업과 심정지후 거업수생
癡如聾 或在諸司 辯論業果 審定之後 據業受生

미측지간 천만수고 하황타어제악취등 시명종
未測之間 千萬愁苦 何況墮於諸惡趣等 是命終

인 미득수생 재칠칠일내 염념지간 망제골육권
人 未得受生 在七七日內 念念之間 望諸骨肉眷

속 여조복력구발 과시일후 수업수보 약시죄인
屬 與造福力救拔 過是日後 隨業受報 若是罪人

동경천백세중 무해탈일 약시오무간죄 타대지
動經千百歲中 無解脫日 若是五無間罪 墮大地

옥 천겁만겁 영수중고
獄 千劫萬劫 永受衆苦

부차장자 여시죄업중생 명종지후 권속골육 위
復次長者 如是罪業衆生 命終之後 眷屬骨肉 爲

수영재 자조업도 미재식경 급영재지차 미감채
修營齋 資助業道 未齋食竟 及營齋之次 米泔菜

엽 불기어지 내지제식 미헌불승 물득선식 여유
葉 不棄於地 乃至諸食 未獻佛僧 勿得先食 如有

위식 급불정근 시명종인 요부득력 여정권호정
違食 及不精勤 是命終人 了不得力 如精勸護淨

봉헌불승 시명종인 칠분획일 시고장자 염부중
奉獻佛僧 是命終人 七分獲一 是故長者 閻浮衆

생 약능위기부모 내지권속 명종지후 설재공양
生 若能爲其父母 乃至眷屬 命終之後 設齋供養

지심근간 여시지인 존망획리 설시어시 도리천
志心勤懇 如是之人 存亡獲利 說是語時 忉利天

궁 유천만억나유타염부귀신 실발무량보리지
宮 有千萬億那由他閻浮鬼神 悉發無量菩提之

심 대변장자 작례이퇴
心 大辯長者 作禮而退

8장. 염라왕중찬탄품 閻羅王衆讚歎品

이시철위산내 유무량귀왕 여염라천자 구예도
爾時鐵圍山內 有無量鬼王 與閻羅天子 俱詣忉

리 내도불소 소위악독귀왕 다악귀왕 대쟁귀왕
利 來到佛所 所謂惡毒鬼王 多惡鬼王 大諍鬼王

백호귀왕 혈호귀왕 적호귀왕 산앙귀왕 비신귀
白虎鬼王 血虎鬼王 赤虎鬼王 散殃鬼王 飛身鬼

왕 전광귀왕 낭아귀왕 천안귀왕 담수귀왕 부석
王 電光鬼王 狼牙鬼王 千眼鬼王 噉獸鬼王 負石

귀왕 주모귀왕 주화귀왕 주복귀왕 주식귀왕 주
鬼王 主耗鬼王 主禍鬼王 主福鬼王 主食鬼王 主

재귀왕 주축귀왕 주금귀왕 주수귀왕 주매귀왕
財鬼王 主畜鬼王 主禽鬼王 主獸鬼王 主魅鬼王

주산귀왕 주명귀왕 주질귀왕 주험귀왕 삼목귀
主産鬼王 主命鬼王 主疾鬼王 主險鬼王 三目鬼

왕 사목귀왕 오목귀왕 기리실왕 대기리실왕 기
王 四目鬼王 五目鬼王 祁利失王 大祁利失王 祁

리차왕 대기리차왕 아나타왕 대아나타왕 여시
利叉王 大祁利叉王 阿那吒王 大阿那吒王 如是

등대귀왕 각각여백천제소귀왕 진거염부제 각
等大鬼王 各各與百千諸小鬼王 盡居閻浮提 各

유소집 각유소주 시제귀왕 여 염라천자 승불위
有所執 各有所主 是諸鬼王 與 閻羅天子 承佛威

신 급지장보살마하살력 구예도리 재일면립
神 及地藏菩薩摩訶薩力 俱詣忉利 在一面立

이시 염라천자 호궤합장 백불언 세존 아등 금자
爾時 閻羅天子 胡跪合掌 白佛言 世尊 我等 今者

여제귀왕 승불위신 급 지장보살마하살력 방득
與諸鬼王 承佛威神 及 地藏菩薩摩訶薩力 方得

예차도리대회 역시아등 획선리고 아금 유소의
詣此忉利大會 亦是我等 獲善利故 我今 有小疑

사 감문세존 유원세존 자비선설 불고염라천자
事 敢問世尊 唯願世尊 慈悲宣說 佛告閻羅天子

자여소문 오위여설
恣汝所問 吾爲汝說

시시 염라천자 첨례세존 급회시지장보살 이백
是時 閻羅天子 瞻禮世尊 及廻視地藏菩薩 而白

불언 세존 아관 지장보살 재육도중 백천방편 이
佛言 世尊 我觀 地藏菩薩 在六道中 百千方便 而

도죄고중생 불사피권 시대보살 유여시불가사
度罪苦衆生 不辭疲倦 是大菩薩 有如是不可思

의신통지사 연제중생 획탈죄보 미구지간 우타
議神通之事 然諸衆生 獲脫罪報 未久之間 又墮

악도 세존 시지장보살 기유여시불가사의신력
惡道 世尊 是地藏菩薩 既有如是不可思議神力

운하중생 이불의지선도 영취해탈 유원세존 위
云何衆生 而不依止善道 永取解脫 唯願世尊 爲

아해설
我解說

불고염라천자 남염부제중생 기성강강 난조난
佛告閻羅天子 南閻浮提衆生 其性剛强 難調難

복 시대보살 어백천겁 두두구발여시중생 조령
伏 是大菩薩 於百千劫 頭頭救拔如是衆生 早令

해탈 시죄보인 내지 타대악취 보살 이방편력
解脫 是罪報人 乃至 墮大惡趣 菩薩 以方便力

발출근본업연 이견오숙세지사 자시염부중생
拔出根本業緣 而遣悟宿世之事 自是閻浮衆生

결악습중 선출선입 노사보살 구경겁수 이작도
結惡習重 旋出旋入 勞斯菩薩 久經劫數 而作度

탈 비여유인 미실본가 오입험도 기험도중 다제
脫 譬如有人 迷失本家 誤入險道 其險道中 多諸

야차 급호랑사자 원사복갈 여시미인 재험도중
夜叉 及虎狼獅子 蚖蛇蝮蠍 如是迷人 在險道中

수유지간 즉조제독 유일지식 다해대술 선금 시
須臾之間 卽遭諸毒 有一知識 多解大術 善禁 是

독 내급야차제악독등 홀봉미인 욕진험도 이어
毒 乃及夜叉諸惡毒等 忽逢迷人 欲進險道 而語

지언 돌재 남자 위하사고 이입차로 유하이술 능
之言 咄哉男子 爲何事故 而入此路 有何異術 能

제제독
制諸毒

시미로인 홀문시어 방지험도 즉변퇴보 구출차
是 迷 路 人 忽 聞 是 語 方 知 險 道 卽 便 退 步 求 出 此

로 시선지식 제휴접수 인출험도 면제악도 지어
路 是 善 知 識 提 携 接 手 引 出 險 道 免 諸 惡 道 至 於

호도 영득안락 이어지언 돌재미인 자금이후 물
好 道 令 得 安 樂 而 語 之 言 咄 哉 迷 人 自 今 以 後 勿

리시도 차로입자 졸난득출 부손성명 시미로인
履 是 道 此 路 入 者 卒 難 得 出 復 損 性 命 是 迷 路 人

역생감중 임별지시 지식우언
亦 生 感 重 臨 別 之 時 知 識 又 言

약견친지 급제로인 약남약녀 언어차로 다제악
若 見 親 知 及 諸 路 人 若 男 若 女 言 於 此 路 多 諸 惡

독상실성명 무령시중 자취기사 시고 지장보살
毒 喪 失 性 命 無 令 是 衆 自 取 其 死 是 故 地 藏 菩 薩

구대자비 구발죄고중생 생인천중 영수묘락 시
具 大 慈 悲 救 拔 罪 苦 衆 生 生 人 天 中 令 受 妙 樂 是

제죄중 지업도고 탈득출리 영불재력 여미로인
諸 罪 衆 知 業 道 苦 脫 得 出 離 永 不 再 歷 如 迷 路 人

오입험도 우선지식 인접령출 영불부입 봉견타
誤入險道 遇善知識 引接令出 永不復入 逢見他

인 부권막입 자연 인시미고 득해탈경 갱불부입
人 復勸莫入 自然 因是迷故 得解脫竟 更不復入

약재이천 유상미오 불각구증소락험도 혹치실
若再履踐 猶尙迷誤 不覺舊曾所落險道 或致失

명 여타악취 지장보살 방편력고 사령해탈 생인
命 如墮惡趣 地藏菩薩 方便力故 使令解脫 生人

천중 선우재입 약업결중 영처지옥 무해탈시
天中 旋又再入 若業結重 永處地獄 無解脫時

이시 악독귀왕 합장공경 백불언 세존 아등제귀
爾時 惡毒鬼王 合掌恭敬 白佛言 世尊 我等諸鬼

왕 기수무량 재염부제 혹이익인 혹손해인 각각
王 其數無量 在閻浮提 或利益人 或損害人 各各

부동 연시업보 사아권속 유행세계 다악소선 과
不同 然是業報 使我眷屬 遊行世界 多惡少善 過

인가정 혹성읍취락장원방사 혹유남자여인 수
人家庭 或城邑聚落莊園房舍 或有男子女人 修

238

호발선사 내지 현일번일개 소향소화 공양불상
毫髮善事 乃至 懸一幡一盖 少香少華 供養佛像

급보살상 혹전독존경 소향공양일구일게 아등
及菩薩像 或轉讀尊經 燒香供養一句一偈 我等

귀왕 경례시인 여과거현재 미래제불 칙제소귀
鬼王 敬禮是人 如過去現在 未來諸佛 勅諸小鬼

각유대력 급토지분 변령위호 불령악사횡사 악
各有大力 及土地分 便令衛護 不令惡事橫事 惡

병횡병 내지 불여의사 근어차사등처 하황입문
病橫病 乃至 不如意事 近於此舍等處 何況入門

불찬귀왕 선재선재 여등 급여염라 능여시옹호
佛讚鬼王 善哉善哉 汝等 及與閻羅 能如是擁護

선남녀등 오역고범왕제석 영위호여 설시어시
善男女等 吾亦告梵王帝釋 令衛護汝 說是語時

회중 유일귀왕 명왈주명 백불언 세존 아본업연
會中 有一鬼王 名曰主命 白佛言 世尊 我本業緣

주염부인명 생시사시 아개주지 재아본원 심욕
主閻浮人命 生時死時 我皆主之 在我本願 甚欲

이익 자시중생 불회아의 치령생사 구부득안 하
利益 自是衆生 不會我意 致令生死 俱不得安 何

이고 시염부제인 초생지시 불문남녀 혹욕생시
以故 是閻浮提人 初生之時 不問男女 或欲生時

단작선사 증익사택 자령토지 무량환희 옹호자
但作善事 增益舍宅 自令土地 無量歡喜 擁護子

모 득대안락 이익권속 혹이생하 신물살해 취제
母 得大安樂 利益眷屬 或已生下 愼勿殺害 取諸

선미 공급산모 급광취권속 음주식육 가악현관
鮮味 供給産母 及廣聚眷屬 飮酒食肉 歌樂絃管

능령자모 부득안락 하이고 시산난시 유무수악
能令子母 不得安樂 何以故 是産難時 有無數惡

귀 급망량정매 욕식성혈 시아조령사택토지영
鬼 及魍魎精魅 欲食腥血 是我早令舍宅土地靈

기 하호자모 사령안락 이득이익
祇 荷護子母 使令安樂 而得利益

여시지인 견안락고 변합설복 답제토지 번위살
如是之人 見安樂故 便合設福 答諸土地 翻爲殺

해 취집권속 이시지고 범앙자수 자모구손 우염
害 聚集眷屬 以是之故 犯殃自受 子母俱損 又閻

부제임명종인 불문선악 아욕령시명종지인 불
浮提臨命終人 不問善惡 我欲令是命終之人 不

락악도 하황자수선근 증아력고 시염부제 행선
落惡道 何況自修善根 增我力故 是閻浮提 行善

지인 임명종시 역유백천 악도귀신 혹변작부모
之人 臨命終時 亦有百千 惡道鬼神 或變作父母

내지제권속 인접망인 영락악도 하황본조악자
乃至諸眷屬 引接亡人 令落惡道 何況本造惡者

세존 여시염부제 남자여인 임명종시 신식혼매
世尊 如是閻浮提 男子女人 臨命終時 神識惛昧

불변선악 내지안이 갱무견문 시제권속 당수설
不辨善惡 乃至眼耳 更無見聞 是諸眷屬 當須設

대공양 전독존경 염불보살명호 여시선연 능령
大供養 轉讀尊經 念佛菩薩名號 如是善緣 能令

망자 이제악도 제마귀신 실개퇴산 세존 일체중
亡者 離諸惡道 諸魔鬼神 悉皆退散 世尊 一切衆

생 임명종시 약득문일불명 일보살명 혹 대승경
生 臨命終時 若得聞一佛名 一菩薩名 或 大乘經

전 일구일게 아관여시배인 제오무간 살해지죄
典 一句一偈 我觀如是輩人 除五無間 殺害之罪

소소악업 합타악취자 심즉해탈
小小惡業 合墮惡趣者 尋卽解脫

불고주명귀왕 여대자고 능발여시대원 어생사
佛告主命鬼王 汝大慈故 能發如是大願 於生死

중 호제중생 약미래세중 유남자여인 지생사시
中 護諸衆生 若未來世中 有男子女人 至生死時

여막퇴시원 총령해탈 영득안락 귀왕백불언 원
汝莫退是願 總令解脫 永得安樂 鬼王白佛言 願

불유려 아필시형 염념옹호염부중생 생시사시
不有慮 我畢是形 念念擁護閻浮衆生 生時死時

구득안락 단원제중생 어생사시 신수아어 무불
俱得安樂 但願諸衆生 於生死時 信受我語 無不

해탈 획대이익 이시 불고지장보살 시대귀왕주
解脫 獲大利益 爾時 佛告地藏菩薩 是大鬼王主

명자 이증경백천생중 작대귀왕 어생사중 옹호
命者 已曾經百千生中 作大鬼王 於生死中 擁護

중생 여시대사 자비원고 현대귀신 실비귀야 각
衆生 如是大士 慈悲願故 現大鬼身 實非鬼也 却

후과일백칠십겁 당득성불 호왈 무상여래 겁명
後過一百七十劫 當得成佛 號曰 無相如來 劫名

안락 세계명 정주 기불수명 불가계겁 지장 시대
安樂 世界名 淨住 其佛壽命 不可計劫 地藏 是大

귀왕 기사여시 불가사의 소도천인 역불가한량
鬼王 其事如是 不可思議 所度天人 亦不可限量

9장. 칭불명호품稱佛名號品

이시 지장보살마하살 백불언 세존 아금 위미래
爾時 地藏菩薩摩訶薩 白佛言 世尊 我今 爲未來

중생 연이익사 어생사중 득대이익 유원세존 청
衆生 演利益事 於生死中 得大利益 唯願世尊 聽

아설지 불고지장보살 여금 욕흥자비 구발일체
我說之 佛告地藏菩薩 汝今 欲興慈悲 救拔一切

죄고육도중생 연부사의사 금정시시 유당속설
罪苦六道衆生 演不思議事 今正是時 唯當速說

오즉열반 사여 조필시원 오역무우현재미래일
吾卽涅槃 使汝 早畢是願 吾亦無憂現在未來一

체중생
切衆生

지장보살 백불언 세존 과거무량아승지겁 유불
地藏菩薩 白佛言 世尊 過去無量阿僧祇劫 有佛

출세 호무변신여래 약유남자여인 문시불명 잠
出世 號無邊身如來 若有男子女人 聞是佛名 暫

생공경 즉득초월사십겁생사중죄 하황소화형
生恭敬 卽得超越四十劫生死重罪 何況塑畫形

상 공양찬탄 기인획복 무량무변 우 어과거항
像 供養讚歎 其人獲福 無量無邊 又 於過去恒

하사겁 유불출세 호보성여래 약유남자여인 문
河沙劫 有佛出世 號寶性如來 若有男子女人 聞

시불명 일탄지경 발심귀의 시인 어무상도 영불
是佛名 一彈指頃 發心歸依 是人 於無上道 永不

퇴전 우 어과거 유불출세 호파두마승여래 약유
退轉 又 於過去 有佛出世 號波頭摩勝如來 若有

남자여인 문시불명 역어이근 시인 당득천반 생
男子女人 聞是佛名 歷於耳根 是人 當得千返 生

어육욕천중 하황지심칭념 우 어과거불가설불
於六欲天中 何況志心稱念 又 於過去不可說不

가설아승지겁 유불출세 호사자후여래 약유남
可說阿僧祇劫 有佛出世 號獅子吼如來 若有男

자여인 문시불명 일념귀의 시인 득우무량제불
子女人 聞是佛名 一念歸依 是人 得遇無量諸佛

마정수기 우어과거 유불출세 호구류손불 약유
摩頂受記 又於過去 有佛出世 號拘留孫佛若有

남자여인 문시불명 지심첨례 혹부찬탄 시인 어
男子女人 聞是佛名 志心瞻禮 或復讚歎 是人 於

현겁천불회중 위대범왕 득수상기 우어과거 유
賢劫千佛會中 爲大梵王 得授上記 又於過去 有

불출세 호비파시불 약유남자여인 문시불명 불
佛出世 號毘婆尸佛 若有男子女人 聞是佛名 不

타악도 상생인천 수승묘락 우어과거무량무수
墮惡道 常生人天 受勝妙樂 又於過去無量無數

항하사겁 유불출세 호보승여래 약유남자녀인
恒河沙劫 有佛出世 號寶勝如來 若有男子女人

문시불명 필경불타악도 상재천상 수승묘락 우
聞是佛名 畢竟不墮惡道 常在天上 受勝妙樂 又

어과거 유불출세 호보상여래 약유남자여인 문
於過去 有佛出世 號寶相如來 若有男子女人 聞

시불명 생공경심 시인 불구 득아라한과 우어과
是佛名 生恭敬心 是人 不久 得阿羅漢果又於過

거무량아승지겁 유불출세 호가사당여래 약유
去無量阿僧祇劫 有佛出世 號袈裟幢如來 若有

남자여인 문시불명 초일백대겁생사지죄 우어
男子女人 聞是佛名 超一百大劫生死之罪 又於

과거 유불출세 호대통산왕여래 약유남자여인
過去 有佛出世 號大通山王如來 若有男子女人

문시불명 시인 득우항하사불 광위설법 필성보
聞是佛名 是人 得遇恒河沙佛 廣爲說法 必成菩

리 우어과거 유정월불 산왕불 지승불정명왕불
提 又於過去 有淨月佛 山王佛 智勝佛淨名王佛

지성취불 무상불 묘성불 만월불 월면불 유여시
智成就佛 無上佛 妙聲佛 滿月佛 月面佛 有如是

등 불가설불
等 不可說佛

세존 현재미래 일체중생 약천약인 약남약녀 단
世尊 現在未來 一切衆生 若天若人 若男若女 但

염득일불명호 공덕무량 하황다명 시중생등 생
念得一佛名號 功德無量 何況多名 是衆生等 生

시사시 자득대리 종불타악도 약유임명종인 가
時死時 自得大利 終不墮惡道 若有臨命終人 家

중권속 내지 일인위시병인 고성 염일불명 시명
中眷屬 乃至 一人爲是病人 高聲 念一佛名 是命

종인 제오무간죄 여업보등 실득소멸 시오무간
終人 除五無間罪 餘業報等 悉得消滅 是五無間

죄 수지극중 동경억겁 요부득출 승사임명종시
罪 雖至極重 動經億劫 了不得出 承斯臨命終時

타인 위기칭념불명 어시죄중 역점소멸 하황중
他人 爲其稱念佛名 於是罪中 亦漸消滅 何況衆

생 자칭자념 획복무량 멸무량죄
生 自稱自念 獲福無量 滅無量罪

10장. 교량보시공덕품 校量布施功德品

이시 지장보살마하살 승불위신 종좌이기 호궤
爾時 地藏菩薩摩訶薩 承佛威神 從座而起 胡跪

합장 백불언 세존 아관업도중생 교량보시 유경
合掌 白佛言 世尊 我觀業道衆生 校量布施 有輕

유중 유일생수복 유십생수복 유백생천생 수대
有重 有一生受福 有十生受福 有百生千生 受大

복리자 시사운하 유원세존 위아설지 이시 불고
福利者 是事云何 唯願世尊 爲我說之 爾時 佛告

지장보살 오금 어도리천궁일체중회 설염부제
地藏菩薩 吾今 於忉利天宮一切衆會 說閻浮提

보시교량공덕경중 여당제청 오위여설 지장 백
布施校量功德輕重 汝當諦聽 吾爲汝說 地藏 白

불언 아의시사 원요욕문
佛言 我疑是事 願樂欲聞

불고지장보살 남염부제 유제국왕 재보대신 대
佛告地藏菩薩 南閻浮提 有諸國王 宰輔大臣 大

장자 대찰리 대바라문등 약우최하빈궁 내지 융
長者 大刹利 大婆羅門等 若遇最下貧窮 乃至 癃

잔음아 농치무목 여시종종 불완구자 시국왕등
殘瘖啞 聾癡無目 如是種種 不完具者 是國王等

욕보시시 약능구대자비 하심함소 친수변보시
欲布施時 若能具大慈悲 下心含笑 親手遍布施

혹사인시 연어위유 시국왕등 소획복리 여보시
或使人施 軟語慰喻 是國王等 所獲福利 如布施

백항하사불공덕지리 하이고 연시국왕등 어시
百恒河沙佛功德之利 何以故 緣是國王等 於是

최빈천배 급불완구자 발대자심 시고 복리유여
最貧賤輩 及不完具者 發大慈心 是故 福利有如

차보 백천생중 상득칠보구족 하황의식수용
此報 百千生中 常得七寶具足 何況衣食受用

부차지장 약미래세 유제국왕 지바라문등 우불
復次地藏 若未來世 有諸國王 至婆羅門等 遇佛

탑사 혹불형상 내지 보살성문 벽지불상 궁자영
塔寺 或佛形像 乃至 菩薩聲聞 辟支佛像 躬自營

판 공양보시 시국왕등 당득삼겁 위제석신 수승
辦 供養布施 是國王等 當得三劫 爲帝釋身 受勝

묘락 약능이차 보시복리 회향법계 시대국왕등
妙樂 若能以此 布施福利 廻向法界 是大國王等

어십겁중 상위대범천왕
於十劫中 常爲大梵天王

부차지장 약미래세 유제국왕 지바라문등 우선
復次地藏 若未來世 有諸國王 至婆羅門等 遇先

불탑묘 혹지경상 훼괴파락 내능발심수보 시국
佛塔廟 或至經像 毁壞破落 乃能發心修補 是國

왕등 혹자영판 혹권타인 내지 백천인등 보시결
王等 或自營辦 或勸他人 乃至 百千人等 布施結

연 시국왕등 백천생중 상위전륜왕신 여시타인
緣 是國王等 百千生中 常爲轉輪王身 如是他人

동보시자 백천생중 상위소국왕신 갱능어탑묘
同布施者 百千生中 常爲小國王身 更能於塔廟

전 발회향심 여시국왕 내급제인 진성불도 이차
前 發 廻 向 心 如 是 國 王 乃 及 諸 人 盡 成 佛 道 以 此

과보 무량무변
果 報 無 量 無 邊

부차지장 미래세중 유제국왕 급 바라문등 견제
復 次 地 藏 未 來 世 中 有 諸 國 王 及 婆 羅 門 等 見 諸

노병 급생산부녀 약일념간 구대자심 보시의약
老 病 及 生 産 婦 女 若 一 念 間 具 大 慈 心 布 施 醫 藥

음식와구 사령안락 여시복리 최부사의 일백겁
飮 食 臥 具 使 令 安 樂 如 是 福 利 最 不 思 議 一 百 劫

중 상위정거천주 이백겁중 상위육욕천주 필경
中 常 爲 淨 居 天 主 二 百 劫 中 常 爲 六 欲 天 主 畢 竟

성불 영불타악도 내지 백천생중 이불문고성 부
成 佛 永 不 墮 惡 道 乃 至 百 千 生 中 耳 不 聞 苦 聲 復

차지장 약미래세중 유제국왕 급바라문등 능작
次 地 藏 若 未 來 世 中 有 諸 國 王 及 婆 羅 門 等 能 作

여시보시 획복무량 갱능회향 불문다소 필경성
如 是 布 施 獲 福 無 量 更 能 廻 向 不 問 多 少 畢 竟 成

불 하황석범전륜지보 시고지장 보권중생 당여
佛 何況釋梵轉輪之報 是故地藏 普勸衆生 當如

시학
是學

부차지장 미래세중 약선남자선여인 어불법중
復次地藏 未來世中 若善男子善女人 於佛法中

종소선근 모발사진등허 소수복리 불가위유 부
種少善根 毛髮沙塵等許 所受福利 不可爲喩 復

차지장 미래세중 약유선남자선여인 우불형상
次地藏 未來世中 若有善男子善女人 遇佛形像

보살형상 벽지불형상 전륜왕형상 보시공양 득
菩薩形像 辟支佛形像 轉輪王形像 布施供養 得

무량복 상재인천 수승묘락 약능회향법계 시인
無量福 常在人天 受勝妙樂 若能廻向法界 是人

복리 불가위유 부차지장 미래세중 약유선남자
福利 不可爲喩 復次地藏 未來世中 若有善男子

선여인 우대승경전 혹청문일게일구 발은중심
善女人 遇大乘經典 或聽聞一偈一句 發殷重心

찬탄공경 보시공양 시인 획대과보 무량무변 약
讚歎恭敬 布施供養 是人 獲大果報 無量無邊 若

능회향법계 기복불가위유
能 廻 向 法 界 其 福 不 可 爲 喩

부차지장 약미래세중 유선남자선여인 우불탑
復 次 地 藏 若 未 來 世 中 有 善 男 子 善 女 人 遇 佛 塔

사 대승경전 신자 보시공양 첨례찬탄 공경합장
寺 大 乘 經 典 新 者 布 施 供 養 瞻 禮 讚 歎 恭 敬 合 掌

약우고자 혹훼괴자 수보영리 혹독발심 혹권다
若 遇 故 者 或 毀 壞 者 修 補 營 理 或 獨 發 心 或 勸 多

인 동공발심 여시등배 삼십생중 상위제소국왕
人 同 共 發 心 如 是 等 輩 三 十 生 中 常 爲 諸 小 國 王

단월지인 상위윤왕 환이선법 교화제소국왕 부
檀 越 之 人 常 爲 輪 王 還 以 善 法 敎 化 諸 小 國 王 復

차지장 미래세중 약유선남자선여인 어불법중
次 地 藏 未 來 世 中 若 有 善 男 子 善 女 人 於 佛 法 中

소종선근 혹보시공양 혹수보탑사 혹장리경전
所 種 善 根 或 布 施 供 養 或 修 補 塔 寺 或 裝 理 經 典

내지 일모일진 일사일제 여시선사 단능회향법
乃至 一毛一塵 一沙一渧 如是善事 但能廻向法

계 시인공덕 백천생중 수상묘락 여단회향 자가
界 是人功德 百千生中 受上妙樂 如但廻向 自家

권속 혹자신이익 여시지과 즉삼생수락 사일득
眷屬 或自身利益 如是之果 卽三生受樂 捨一得

만보 시고 지장 보시인연 기사여시
萬報 是故 地藏 布施因緣 其事如是

11장. 지신호법품 地神護法品

이시 견뢰지신 백불언 세존 아종석래 첨시정례
爾時 堅牢地神 白佛言 世尊 我從昔來 瞻視頂禮

무량보살마하살 개시대불가사의 신통지혜 광
無量菩薩摩訶薩 皆是大不可思議 神通智慧 廣

도중생 시지장보살마하살 어제보살 서원심중
度衆生 是地藏菩薩摩訶薩 於諸菩薩 誓願深重

세존 시지장보살 어염부제 유대인연 여문수보
世尊 是地藏菩薩 於閻浮提 有大因緣 如文殊普

현관음미륵 역화백천신형 도어육도 기원상유
賢觀音彌勒 亦化百千身形 度於六道 其願尙有

필경 시지장보살 교화육도 일체중생 소발서원
畢竟 是地藏菩薩 敎化六道 一切衆生 所發誓願

겁수 여천백억항하사
劫數 如千百億恒河沙

세존 아관미래 급현재중생 어소주처 어남방청
世尊 我觀未來 及現在衆生 於所住處 於南方淸

결지지 이토석죽목 작기감실 시중 능소화 내지
潔之地 以土石竹木 作其龕室 是中 能塑畫 乃至

금은동철 작지장형상 소향공양 첨례찬탄 시인
金銀銅鐵 作地藏形像 燒香供養 瞻禮讚歎 是人

거처 즉득 십종이익 하등위십 일자 토지풍양 이
居處 卽得 十種利益 何等爲十 一者 土地豊壤 二

자 가택영안 삼자 선망생천 사자 현존익수 오자
者 家宅永安 三者 先亡生天 四者 現存益壽 五者

소구수의 육자 무수화재 칠자 허모벽제 팔자 두
所求遂意 六者 無水火災 七者 虛耗辟除 八者 杜

절악몽 구자 출입신호 십자 다우성인 세존 미
絶惡夢 九者 出入神護 十者 多遇聖因 世尊 未

래세중 급현재중생 약능어소주처방면 작여시
來世中 及現在衆生 若能於所住處方面 作如是

공양 득여시이익 부백불언 세존 미래세중 약유
供養 得如是利益 復白佛言 世尊 未來世中 若有

선남자선여인 어소주처 유차경전 급보살상 시
善男子善女人 於所住處 有此經典 及菩薩像 是

인갱능전독경전 공양보살 아상일야 이본신력
人更能轉讀經典 供養菩薩 我常日夜 以本神力

위호시인 내지 수화도적 대횡소횡 일체악사 실
衛護是人 乃至 水火盜賊 大橫小橫 一切惡事 悉

개소멸
皆消滅

불고 견뢰지신 여대신력 제신소급 하이고 염부
佛告 堅牢地神 汝大神力 諸神少及 何以故 閻浮

토지 실몽여호 내지 초목사석 도마죽위 곡미보
土地 悉蒙汝護 乃至 草木沙石 稻麻竹葦 穀米寶

패 종지이유 개인여력 우당칭양 지장보살이익
貝 從地而有 皆因汝力 又當稱揚 地藏菩薩利益

지사 여지공덕 급이신통 백천배 어상분지신 약
之事 汝之功德 及以神通 百千倍 於常分地神 若

미래세중 유선남자선여인 공양보살 급전독시
未來世中 有善男子善女人 供養菩薩 及轉讀是

경 단의지장본원경 일사수행자 여이본신력 이
經 但依地藏本願經 一事修行者 汝以本神力 而

옹호지 물령일체재해 급불여의사 첩문어이 하
擁護之 勿令一切災害 及不如意事 輒聞於耳 何

황영수 비단여독호시인고 역유석범권속 제천
況令受 非但汝獨護是人故 亦有釋梵眷屬 諸天

권속 옹호시인 하고 득여시성현옹호 개유첨례
眷屬 擁護是人 何故 得如是聖賢擁護 皆由瞻禮

지장형상 급전독시본원경고 자연필경 출리고
地藏形像 及轉讀是本願經故 自然畢竟 出離苦

해 증열반락 이시지고 득대옹호
海 證涅槃樂 以是之故 得大擁護

12장. 견문이익품 見聞利益品

이시 세존 종정문상 방백천만억 대호상광 소위
爾時 世尊 從頂門上 放百千萬億 大毫相光 所謂

백호상광 대백호상광 서호상광 대서호상광 옥
白毫相光 大白毫相光 瑞毫相光 大瑞毫相光 玉

호상광 대옥호상광 자호상광 대자호상광 청호
毫相光 大玉毫相光 紫毫相光 大紫毫相光 青毫

상광 대청호상광 벽호상광 대벽호상광 홍호상
相光 大青毫相光 碧毫相光 大碧毫相光 紅毫相

광 대홍호상광 녹호상광 대녹호상광 금호상광
光 大紅毫相光 綠毫相光 大綠毫相光 金毫相光

대금호상광 경운호상광 대경운호상광 천륜호
大金毫相光 慶雲毫相光 大慶雲毫相光 千輪毫

광 대천륜호광 보륜호광 대보륜호광 일륜호광
光 大千輪毫光 寶輪毫光 大寶輪毫光 日輪毫光

대일륜호광 월륜호광 대월륜호광 궁전호광 대
大日輪毫光 月輪毫光 大月輪毫光 宮殿毫光 大

궁전호광 해운호광 대해운호광
宮殿毫光 海雲毫光 大海雲毫光

어정문상 방여시등 호상광이 출미묘음 고제대
於頂門上 放如是等 毫相光已 出微妙音 告諸大

중 천룡팔부 인비인등 청오금일 어도리천궁 칭
衆 天龍八部 人非人等 聽吾今日 於忉利天宮 稱

양찬탄지장보살 어인천중 이익등사 부사의사
揚讚歎地藏菩薩 於人天中 利益等事 不思議事

초성인사 증십지사 필경불퇴 아뇩다라삼먁삼
超聖因事 證十地事 畢竟不退 阿耨多羅三藐三

보리사
菩提事

설시어시 회중 유일보살마하살 명관세음 종좌
說是語時 會中 有一菩薩摩訶薩 名觀世音 從座

이기 호궤합장 백불언 세존 시지장보살마하살
而起 胡跪合掌 白佛言 世尊 是地藏菩薩摩訶薩

구대자비 연민죄고중생 어천만억세계 화천만
具大慈悲 憐愍罪苦衆生 於千萬億世界 化千萬

억신 소유공덕 급부사의 위신지력 아문세존 여
億身 所有功德 及不思議 威神之力 我聞世尊 與

시방무량제불 이구동음 찬탄지장보살운 정사
十方無量諸佛 異口同音 讚歎地藏菩薩云 正使

과거현재미래제불 설기공덕 유불능진 향자우
過去現在未來諸佛 說其功德 猶不能盡 向者又

몽세존 보고대중 욕칭양지장이익등사 유원세
蒙世尊 普告大衆 欲稱揚地藏利益等事 唯願世

존위현재미래일체중생 칭양지장부사의사 영
尊爲現在未來一切衆生 稱揚地藏不思議事 令

천용팔부 첨례획복
天龍八部 瞻禮獲福

불고관세음보살 여어사바세계 유대인연 약천
佛告觀世音菩薩 汝於娑婆世界 有大因緣 若天

약용 약남약녀 약신약귀 내지 육도죄고중생 문
若龍 若男若女 若神若鬼 乃至 六道罪苦衆生 聞

여명자 견여형자 연모여자 찬탄여자 시제중생
汝名者 見汝形者 戀慕汝者 讚歎汝者 是諸衆生

어무상도 필불퇴전 상생인천 구수묘락 인과장
於無上道 必不退轉 常生人天 具受妙樂 因果將

숙 우불수기 여금 구대자비 연민중생 급천룡팔
熟 遇佛授記 汝今 具大慈悲 憐愍衆生 及天龍八

부 청오선설지장보살부사의이익지사 여당제
部 聽吾宣說地藏菩薩不思議利益之事 汝當諦

청 오금설지
聽 吾今說之

관세음언 유연세존 원요욕문 불고관세음보살
觀世音言 唯然世尊 願樂欲聞 佛告觀世音菩薩

미래현재 제세계중 유천인 수천복진 유오쇠상
未來現在 諸世界中 有天人 受天福盡 有五衰相

현 혹유타어악도지자 여시천인 약남약녀 당현
現 或有墮於惡道之者 如是天人 若男若女 當現

상시 혹견지장보살형상 혹문지장보살명 일첨
相時 或見地藏菩薩形像 或聞地藏菩薩名 一瞻

일례 시제천인 전증천복 수대쾌락 영불타삼악
一禮 是諸天人 轉增天福 受大快樂 永不墮三惡

도보 하황견문보살 이제향화의복음식 보패영
道報 何況見聞菩薩 以諸香華衣服飮食 寶貝瓔

낙 보시공양 소획공덕복리 무량무변
珞 布施供養 所獲功德福利 無量無邊

부차관세음 약미래현재 제세계중 육도중생 임
復次觀世音 若未來現在 諸世界中 六道衆生 臨

명종시 득문지장보살명 일성 역이근자 시제중
命終時 得聞地藏菩薩名 一聲 歷耳根者 是諸衆

생 영불역삼악도고 하황임명종시 부모권속 장
生 永不歷三惡道苦 何況臨命終時 父母眷屬 將

시명종인 사택재물 보패의복 소화지장형상 혹
是命終人 舍宅財物 寶貝衣服 塑畵地藏形像 或

사병인미종지시 안견이문 지도권속 장사택보
使病人未終之時 眼見耳聞 知道眷屬 將舍宅寶

패등 위기자신 소화지장보살형상 시인 약시업
貝等 爲其自身 塑畵地藏菩薩形像 是人 若是業

보 합수중병자 승사공덕 심자제유 수명증익 시
報 合受重病者 承斯功德 尋自除癒 壽命增益 是

인 약시업보명진 응유일체죄장업장 합타악취
人 若是業報命盡 應有一切罪障業障 合墮惡趣

자 승사공덕 명종지후 즉생천상 수승묘락 일체
者 承斯功德 命終之後 卽生天上 受勝妙樂 一切

죄장 실개소멸
罪障 悉皆消滅

부차관세음보살 약미래세 유남자여인 혹유포
復次觀世音菩薩 若未來世 有男子女人 或乳哺

시 혹삼세오세 십세이하 망실부모 내지망실 형
時 或三歲五歲 十歲以下 亡失父母 乃至亡失 兄

제자매 시인 연기장대 사억부모 급제권속 부지
弟姊妹 是人 年旣長大 思憶父母 及諸眷屬 不知

락재하취 생하세계 생하천중 시인 약능소화지
落在何趣 生何世界 生何天中 是人 若能塑畵地

장보살형상 내지문명 일첨일례 일일지칠일 막
藏菩薩形像 乃至聞名 一瞻一禮 一日至七日 莫

퇴초심 문명견형 첨례공양 시인권속 가인업고
退初心 聞名見形 瞻禮供養 是人眷屬 假因業故

타악취자 계당겁수 승사남녀형제자매 소화지
墮惡趣者 計當劫數 承斯男女兄弟姉妹 塑畵地

장형상 첨례공덕 심즉해탈 생인천중 수승묘락
藏形像 瞻禮功德 尋卽解脫 生人天中 受勝妙樂

시인권속 여유복력 이생인천 수승묘락자 즉승
是人眷屬 如有福力 已生人天 受勝妙樂者 卽承

사공덕 전증성인 수무량락 시인 갱능삼칠일중
斯功德 轉增聖因 受無量樂 是人 更能三七日中

일심첨례지장보살형상 염기명자 만어만편 당
一心瞻禮地藏菩薩形像 念其名字 滿於萬遍 當

득보살 현무변신 구고시인 권속생계 혹어몽중
得菩薩 現無邊身 具告是人 眷屬生界 或於夢中

보살현대신력 친령시인 어제세계 견제권속 갱
菩薩現大神力 親領是人 於諸世界 見諸眷屬 更

능매일 염보살명천편 지어천일 시인 당득보살
能每日 念菩薩名千遍 至於千日 是人 當得菩薩

견소재토지귀신 종신위호 현세 의식풍일 무제
遣所在土地鬼神 終身衛護 現世 衣食豊溢 無諸

질고 내지횡사 불입기문 하황급신 시인 필경 득
疾苦 乃至橫事 不入其門 何況及身 是人 畢竟 得

보살마정수기
菩薩摩頂授記

부차관세음보살 약미래세 유선남자선여인 욕
復次觀世音菩薩 若未來世 有善男子善女人 欲

발광대자심 구도일체중생자 욕수무상보리자
發廣大慈心 救度一切衆生者 欲修無上菩提者

욕출리삼계자 시제인등 견지장형상 급문명자
欲出離三界者 是諸人等 見地藏形像 及聞名者

지심귀의 혹이향화의복 보패음식 공양첨례 시
至心歸依 或以香華衣服 寶貝飮食 供養瞻禮 是

선남녀등 소원속성 영무장애
善男女等 所願速成 永無障礙

부차관세음 약미래세 유선남자선여인 욕구현
復次觀世音 若未來世 有善男子善女人 欲求現

재 미래백천만억등원 백천만억등사 단당귀의
在 未來 百千萬億等願 百千萬億等事 但當歸依

첨례공양 찬탄지장보살형상 여시소원소구 실
瞻禮供養 讚歎地藏菩薩形像 如是所願所求 悉

개성취 부원지장보살 구대자비 영옹호아 시인
皆成就 復願地藏菩薩 具大慈悲 永擁護我 是人

어수몽중 즉득보살마정수기
於睡夢中 卽得菩薩摩頂授記

부차 관세음보살 약미래세 선남자선여인 어대
復次 觀世音菩薩 若未來世 善男子善女人 於大

승경전 심생진중 발부사의심 욕독욕송 종우명
乘經典 深生珍重 發不思議心 欲讀欲誦 縱遇明

사 교시영숙 선득선망 동경연월 불능독송 시선
師 敎視令熟 旋得旋忘 動經年月 不能讀誦 是善

남자등 유숙업장 미득소제 어대승경전 무독송
男子等 有宿業障 未得消除 於大乘經典 無讀誦

성 여시지인 문지장보살명 견지장보살상 구이
性 如是之人 聞地藏菩薩名 見地藏菩薩像 具以

본심 공경진백 갱이향화의복음식 일체완구 공
本心 恭敬陳白 更以香華衣服飮食 一切玩具 供

양보살 이정수일잔 경일일일야 안보살전 연후
養菩薩 以淨水一盞 經一日一夜 安菩薩前 然後

합장청복 회수향남 임입구시 지심정중 복수기
合掌請服 廻首向南 臨入口時 至心鄭重 服水既

필 신오신주육 사음망어 급제살해 일칠일 혹삼
畢 愼五辛酒肉 邪淫妄語 及諸殺害 一七日 或三

칠일 시선남자선여인 어수몽중 구견지장보살
七日 是善男子善女人 於睡夢中 具見地藏菩薩

현무변신 어시인처 수관정수 기인몽각 즉획총
現無邊身 於是人處 授灌頂水 其人夢覺 卽獲聰

명 응시경전 일력이근 즉당영기 갱불망실일구
明 應是經典 一歷耳根 卽當永記 更不忘失一句

일게
一偈

부차관세음보살 약미래세 유제인등 의식부족
復次觀世音菩薩 若未來世 有諸人等 衣食不足

구자괴원 혹다질병 혹다흉쇠 가택 불안 권속분
求者乖願 或多疾病 或多凶衰 家宅 不安 眷屬分

산 혹제횡사 다래오신 수몽지간 다유경포 여시
散 或諸橫事 多來忤身 睡夢之間 多有驚怖 如是

인등 문지장명 견지장형 지심공경 염만만편 시
人等 聞地藏名 見地藏形 至心恭敬 念滿萬遍 是

제불여의사 점점소멸 즉득안락 의식풍일 내지
諸不如意事 漸漸消滅 卽得安樂 衣食豊溢 乃至

어수몽중 실개안락
於睡夢中 悉皆安樂

부차관세음보살 약미래세 유선남자선여인 혹
復次觀世音菩薩 若未來世 有善男子善女人 或

인치생 혹인공사 혹인생사 혹인급사 입산림중
因治生 或因公私 或因生死 或因急事 入山林中

과도하해 내급대수 혹경험도 시인 선당념지장
過渡河海 乃及大水 或經險道 是人 先當念地藏

보살명만편 소과토지귀신 위호 행주좌와 영보
菩薩名萬遍 所過土地鬼神 衛護 行住坐臥 永保

안락 내지봉어호랑사자 일체독해 불능손지 불
安樂 乃至逢於虎狼獅子 一切毒害 不能損之 佛

고관세음보살 시지장보살 어염부제유대인연
告 觀 世 音 菩 薩　是 地 藏 菩 薩　於 閻 浮 提 有 大 因 緣

약설 어제중생 견문이익등사 백천겁중 설불능
若 說 於 諸 衆 生　見 聞 利 益 等 事　百 千 劫 中 說 不 能

진 시고 관세음 여이신력 유보시경 영사바세계
盡　是 故 觀 世 音　汝 以 神 力　流 布 是 經　令 娑 婆 世 界

중생 백천만겁 영수안락
衆 生 百 千 萬 劫 永 受 安 樂

이시세존 이설게언
爾 時 世 尊 而 說 偈 言

오관지장위신력 항하사겁설난진
吾 觀 地 藏 威 神 力　恒 河 沙 劫 說 難 盡

견문첨례일념간 이익인천무량사
見 聞 瞻 禮 一 念 間　利 益 人 天 無 量 事

약남약녀약용신 보진응당타악도
若 男 若 女 若 龍 神　報 盡 應 當 墮 惡 道

지심귀의대사신 수명전증제죄장
至心歸依大士身 壽命轉增除罪障

소실부모은애자 미지혼신재하취
少失父母恩愛者 未知魂神在何趣

형제자매급제친 생장이래개불식
兄弟姉妹及諸親 生長以來皆不識

혹소혹화대사신 비련첨례불잠사
或塑或畵大士身 悲戀瞻禮不暫捨

삼칠일중염기명 보살당현무변체
三七日中念其名 菩薩當現無邊體

시기권속소생계 종타악취심출리
示其眷屬所生界 縱墮惡趣尋出離

약능불퇴시초심 즉획마정수성기
若能不退是初心 卽獲摩頂受聖記

욕수무상보리자 내지출리삼계고
欲修無上菩提者 乃至出離三界苦

시인기발대비심 선당첨례대사상
是人旣發大悲心 先當瞻禮大士像

일체제원속성취 영무업장능차지
一切諸願速成就 永無業障能遮止

유인발심염경전 욕도군미초피안
有人發心念經典 欲度群迷超彼岸

수립시원부사의 선독선망다폐실
雖立是願不思議 旋讀旋忘多廢失

사인유업장혹고 어대승경불능기
斯人有業障惑故 於大乘經不能記

공양지장이향화 의복음식제완구
供養地藏以香華 衣服飲食諸玩具

이정수안대사전 일일일야구복지
以淨水安大士前 一日一夜求服之

발은중심신오신 주육사음급망어
發殷重心愼五辛 酒肉邪淫及妄語

삼칠일내물살해 지심송념대사명
三七日內勿殺害 至心頌念大士名

즉어몽중견무변 각래변득이근이
卽於夢中見無邊 覺來便得利根耳

응시경교력이문 천만생중영불망
應 是 經 敎 歷 耳 聞　千 萬 生 中 永 不 忘

이시대사부사의 능사사인획차혜
以 是 大 士 不 思 議　能 使 斯 人 獲 此 慧

빈궁중생급질병 가택흉쇠권속이
貧 窮 衆 生 及 疾 病　家 宅 凶 衰 眷 屬 離

수몽지중실불안 구자괴위무칭수
睡 夢 之 中 悉 不 安　求 者 乖 違 無 稱 遂

지심첨례지장상 일체악사개소멸
至 心 瞻 禮 地 藏 像　一 切 惡 事 皆 消 滅

지어몽중진득안 의식풍요귀신호
至 於 夢 中 盡 得 安　衣 食 豊 饒 鬼 神 護

욕입산림급도해 독악금수급악인
欲 入 山 林 及 渡 海　毒 惡 禽 獸 及 惡 人

악신악귀병악풍 일체제난제고뇌
惡 神 惡 鬼 幷 惡 風　一 切 諸 難 諸 苦 惱

단당첨례급공양 지장보살대사상
但 當 瞻 禮 及 供 養　地 藏 菩 薩 大 士 像

여시산림대해중 응시제악개소멸
如是山林大海中 應是諸惡皆消滅

관음지심청오설 지장무진부사의
觀音至心聽吾說 地藏無盡不思議

백천만겁설부주 광선대사여시력
百千萬劫說不周 廣宣大士如是力

지장명자인약문 내지견상첨례자
地藏名字人若聞 乃至見像瞻禮者

향화의복음식봉 공양백천수묘락
香華衣服飮食奉 供養百千受妙樂

약능이차회법계 필경성불초생사
若能以此廻法界 畢竟成佛超生死

시고관음여당지 보고항사제국토
是故觀音汝當知 普告恒沙諸國土

13장. 촉루인천품囑累人天品

이시 세존 거금색비 우 마지장보살마하살정 이
爾時 世尊 擧金色臂 又 摩地藏菩薩摩訶薩頂 而

작시언 지장지장 여지신력 불가사의 여지자비
作是言 地藏地藏 汝之神力 不可思議 汝之慈悲

불가사의 여지지혜 불가사의 여지변재 불가사
不可思議 汝之智慧 不可思議 汝之辯才 不可思

의 정사시방제불 찬탄선설 여지부사의사 천만
議 正使十方諸佛 讚歎宣說 汝之不思議事 千萬

겁중 불능득진 지장지장 기오금일 재도리천중
劫中 不能得盡 地藏地藏 記吾今日 在忉利天中

어 백천만억불가설불가설일체제불보살 천룡
於 百千萬億不可說不可說一切諸佛菩薩 天龍

팔부 대회지중 재이인천제중생등 미출삼계 재
八部 大會之中 再以人天諸衆生等 未出三界 在

화택중자 부촉어여 무령시제중생 타악취중 일
火宅中者 付囑於汝 無令是諸衆生 墮惡趣中 一

일일야 하황갱락오무간 급아비지옥 동경 천만
日一夜 何況更落五無間 及阿鼻地獄 動經 千萬

억겁 무유출기
億劫 無有出期

지장 시남염부제중생 지성무정 습악자다 종발
地藏 是南閻浮提衆生 志性無定 習惡者多 縱發

선심 수유즉퇴 약우악연 염념증장 이시지고 오
善心 須臾卽退 若遇惡緣 念念增長 以是之故 吾

분시형백천억 화도 수기근성 이도탈지 지장 오
分是形百千億 化度 隨其根性 而度脫之 地藏 吾

금은근 이천인중 부촉어여 미래지세 약유천인
今殷勤 以天人衆 付囑於汝 未來之世 若有天人

급선남자선여인 어불법중 종소선근 일모일진
及善男子善女人 於佛法中 種少善根 一毛一塵

일사일제 여이도력 옹호시인 점수무상 물령퇴
一沙一渧 汝以道力 擁護是人 漸修無上 勿令退

실 부차지장 미래세 약천약인 수업보응 낙재
失 復次地藏 未來世 若天若人 隨業報應 落在

악취 임타취중 혹지문수 시제중생 약능염득일
惡趣 臨墮趣中 或至門首 是諸衆生 若能念得一

불명 일보살명 일구일게 대승경전 시제중생 여
佛名 一菩薩名 一句一偈 大乘經典 是諸衆生 汝

이신력 방편구발 어시인소현무변신 위쇄지옥
以神力 方便救拔 於是人所現無邊身 爲碎地獄

견령생천 수승묘락
遣令生天 受勝妙樂

이시세존 이설게언
爾時世尊 而說偈言

현재미래천인중
現在未來天人衆

오금은근부촉여
吾今殷勤付囑汝

이대신통방편도
以大神通方便度

278

물령타재제악취
勿 令 墮 在 諸 惡 趣

이시 지장보살마하살 호궤합장 백불언 세존 유
爾 時 地 藏 菩 薩 摩 訶 薩 胡 跪 合 掌 白 佛 言 世 尊 唯

원세존 불이위려 미래세중 약유선남자선여인
願 世 尊 不 以 爲 慮 未 來 世 中 若 有 善 男 子 善 女 人

어불법중 일념공경 아역백천방편 도탈시인 어
於 佛 法 中 一 念 恭 敬 我 亦 百 千 方 便 度 脫 是 人 於

생사중 속득해탈 하황문제선사 염념수행 자연
生 死 中 速 得 解 脫 何 況 聞 諸 善 事 念 念 修 行 自 然

어무상도 영불퇴전 설시어시 회중 유일보살 명
於 無 上 道 永 不 退 轉 說 是 語 時 會 中 有 一 菩 薩 名

허공장 백불언 세존 아자지도리 문어여래찬탄
虛 空 藏 白 佛 言 世 尊 我 自 至 忉 利 聞 於 如 來 讚 歎

지장보살 위신세력 불가사의 미래세중 약유선
地 藏 菩 薩 威 神 勢 力 不 可 思 議 未 來 世 中 若 有 善

남자선여인 내급일체천룡 문차경전 급지장명
男 子 善 女 人 乃 及 一 切 天 龍 聞 此 經 典 及 地 藏 名

자 혹첨례형상 득기종복리 유원세존 위미래현
字 或 瞻 禮 形 像 得 幾 種 福 利 唯 願 世 尊 爲 未 來 現

재일체중등 약이설지
在 一 切 衆 等 略 而 說 之

불고허공장보살 제청제청 오당위여 분별설
佛 告 虛 空 藏 菩 薩 諦 聽 諦 聽 吾 當 爲 汝 分 別 說

지 약미래세중 유선남자선여인 견지장형상 급
之 若 未 來 世 中 有 善 男 子 善 女 人 見 地 藏 形 像 及

문차경 내지독송 향화음식 의복진보 보시공양
聞 此 經 乃 至 讀 誦 香 華 飮 食 衣 服 珍 寶 布 施 供 養

찬탄첨례 득이십팔종이익
讚 歎 瞻 禮 得 二 十 八 種 利 益

일자 천룡호념 이자 선과일증 삼자 집성상인 사
一 者 天 龍 護 念 二 者 善 果 日 增 三 者 集 聖 上 因 四

자 보리불퇴 오자 의식풍족 육자 질역불림 칠자
者 菩 提 不 退 五 者 衣 食 豊 足 六 者 疾 疫 不 臨 七 者

이수화재 팔자 무도적액 구자 인견흠경 십자 귀
離 水 火 災 八 者 無 盜 賊 厄 九 者 人 見 欽 敬 十 者 鬼

신조지 십일자 여전남신 십이자 위왕신녀 십삼
神助持 十一者 女轉男身 十二者 爲王臣女 十三

자 단정상호 십사자 다생천상 십오자 혹위제왕
者 端正相好 十四者 多生天上 十五者 或爲帝王

십육자 숙지명통 십칠자 유구개종 십팔자 권속
十六者 宿智命通 十七者 有求皆從 十八者 眷屬

환락 십구자 제횡소멸 이십자 업도영제 이십일
歡樂 十九者 諸橫消滅 二十者 業道永除 二十一

자 거처진통 이십이자 야몽안락 이십삼자 선망
者 去處盡通 二十二者 夜夢安樂 二十三者 先亡

이고 이십사자 숙복수생 이십오자 제성찬탄 이
離苦 二十四者 宿福受生 二十五者 諸聖讚歎 二

십육자 총명이근 이십칠자 요자민심 이십팔자
十六者 聰明利根 二十七者 饒慈愍心 二十八者

필경성불
畢竟成佛

부차허공장보살 약현재미래천룡귀신 문지장
復次虛空藏菩薩 若現在未來天龍鬼神 聞地藏

보살명 예지장형 혹문지장본원사 행찬탄첨례
菩薩名 禮地藏形 或聞地藏本願事 行讚歎瞻禮

득칠종이익 일자 속초성지 이자 악업소멸 삼자
得七種利益 一者 速超聖地 二者 惡業消滅 三者

제불호림 사자 보리불퇴 오자 증장본력 육자 숙
諸佛護臨 四者 菩提不退 五者 增長本力 六者 宿

명개통 칠자 필경성불
命皆通 七者 畢竟成佛

이시 시방일체제래불가설불가설제불여래 급
爾時 十方一切諸來不可說不可說諸佛如來 及

대보살 천룡팔부 문석가모니불 칭양찬탄 지장
大菩薩 天龍八部 聞釋迦牟尼佛 稱揚讚歎 地藏

보살대위신력불가사의 탄미증유 시시도리천
菩薩大威神力不可思議 歎未曾有 是時忉利天

우무량향화 천의주영 공양석가모니불 급지장
雨無量香華 天衣珠瓔 供養釋迦牟尼佛 及地藏

보살이 일체중회 구부첨례 합장이퇴
菩薩已 一切衆會 俱復瞻禮 合掌而退

부처님의 경전을 만들어
인연 많은 이들에게 공양한 사람이
갖게 되는 열 가지 이익

1. 과거에 지었던 가벼운 온갖 죄들은 사라지고 무거운 죄는 가벼워집니다.

2. 좋은 신들이 늘 보호하여 온갖 질병들이 찾아들지 못하고 물이나 불의 재앙이 일어나지 못하며 도둑을 맞거나 감옥에 가게 되는 나쁜 일들도 생기지 않습니다.

3. 전생에 원수로 만났던 이들이 다 법의 은혜를 받아 해탈하기 때문에 원수를 찾아 보복하거나 당하는 모든 괴로움을 영원히 면할 수 있습니다.

4. 무섭게 생기거나 나쁜 귀신들이 침범하지 못하고 무서운 독사나 굶주린 호랑이들이 해를 끼치지 못합니다.

5. 마음이 편안해져 복잡한 삶 속에서 나쁜 일들이 사라집니다. 밤에는 나쁜 꿈이 없고 얼굴에 광택이 나며 기력이 왕성하여 하는 일마다 좋은 일만 생깁니다.

6. 말하고 실천하는 일마다 사람들이 다 기뻐하니, 어디를 가더라도 늘 많은 사람들이 마음 다해 아껴주고 공경하며 예배합니다.
7. 지극한 마음으로 부처님의 법을 받든다면 바라는 것이 없더라도 자연스럽게 의식주가 다 갖추어지고 가정이 화목하여 받는 복이 날로 늘어납니다.
8. 어리석은 사람은 지혜로워지고 병든 사람은 건강해지며, 어려운 일들은 잘 풀리며 여자의 몸을 가진 이들은 뒷날 남자의 몸을 받게 됩니다.
9. 나쁜 길에서 영원히 벗어나 좋은 길만 가게 됩니다. 얼굴이 단정하고 성품이 뛰어나며 받는 복록이 수승합니다.
10. 모든 중생들이 좋은 마음의 뿌리를 내리도록 그들의 큰 복밭이 되어 헤아릴 수 없이 많은 수승한 과보를 획득합니다. 태어나는 곳마다 늘 부처님을 만나 뵙고 법문을 듣기 때문에 바로 큰 지혜를 열고 육신통을 증득하여 빠르게 부처님이 됩니다.

부처님의 경전을 만들어서 인연 많은 이들에게 공양한 사람은 이와 같은 수승한 공덕을 얻게 된다고 합니다.

그렇기 때문에 자신의 죄를 참회한다거나, 세상을 떠난 가까운 이들을 천도한다거나, 좋은 일이든 나쁜 일이든 어떤 계기가 오면 기뻐하는 마음으로 부처님의 제자들은 험한 이 세상에 부처님의 경전을 널리 퍼트리는 일에 동참하셔야 됩니다.

이 일에 많은 분들이 함께 참여하여 부처님의 법이 온 세상에 가득차는 날 이 세상은 참으로 맑고도 깨끗한 부처님의 극락정토가 실현될 것입니다.

법공양 출판사는 이 일에 적극 뜻을 둔 불자님들을 돕고자 하오니 뜻있는 이들은 좋은 인연을 맺어 주소서.

　　　도서출판 법공양 두손모음
　　　법공양 문의 : 02-764-0206, 011-442-5592

원순 스님

해인사 백련암에서 성철 스님으로 은사로 출가.
해인사·송광사·봉암사 등 제방의 선원에서 정진.
『선스승의 편지』『선요』『한글원각경』
『육조단경』 등 다수의 불서를 펴냈으며
난해한 원효 스님의『대승기신론 소·별기』를
『큰 믿음을 일으키는 글』로 풀이하는 등 경전을
알기 쉽고 아름다운 우리말로 번역한 공로로
2003년도에는 행원문화상 역경부문을 수상하였다.
1996년부터 송광사 인월암에서 안거 중.
현재 조계종 기본 선원에서 어록을 강의하는
교선사敎禪師로서 조계종 교재편찬위원을 역임하였다.

지장경

초판 발행 | 2007년 4월 5일
초판 7쇄 | 2020년 10월 31일
펴낸이 | 열린마음
풀어쓴이 | 원순
디자인 | 유진영

펴낸곳 | 도서출판 법공양
등록 | 1999년 2월 2일 · 제1-a2441
주소 | 03150 서울시 종로구 수송동
　　　두산위브파빌리온 836호
전화 | 02-734-9428
팩스 | 0303-3445-5329

ⓒ 원순, 2020
ISBN 978-89-89602-35-4

값 15,000원

부처님의 가르침을 올바르게_도서출판 법공양